www.ingramcontent.com/pod-product-compliance
Lightning Source LLC
LaVergne TN
LVHW021212061026
849535LV00008B/2705
* 9 7 8 2 1 4 0 3 1 6 5 9 3 *

5-7 rue de l'École polytechnique, 75005 Paris

www.harmattan.fr

ISBN : 978-2-14-031659-3
EAN : 9782140316593

حسان ميليد علي
Hassan Muilid Ali

مبدأ العلمية في الفكر الصحراوي

LA THÉORIE RÉVOLUTIONNAIRE DANS LA PENSÉE SAHARAOUIE

L'Harmattan

الإهداء :

إلى روح ابي وأمي اللذين صبرا فراقي، وبعدي لأجل الوطن،إلى ارواح رفاقي الشهداء الذين سقطوا في الطريق جاعلين من أنفسهم قنطرة عبور نحو بر الحرية والإستقلال إلى أرواح كل الشهداء البررة وفي مقدمتهم مفجر ثورة عشرين ماي الخالدة الولي مصطفى السيد.

مقدمة:

عزيزي القارئ، لا شك أن الفكر الإنساني في مجمله ، تعبيرا عن الحركة العامة للمجتمع،ولا شك أنك ستجد في هذا البحث مجموعة من الأفكار،تتشكل في بناء فكري،لمعالجة بعض المشكلات النظرية والعملية لبعض مجالات القضية، الوطنية،وانطلاقا من تركيزها على مبدأ التحليل العلمي، لا يمكنها إلا أن تحدد مرحلة البحث في هذه المرحلة التي تعرض فيها المشروع الوطني لهجمة خطيرة، مدروسة، وممنهجة، خصص لها الإحتلال أموالا هائلة، وخونة متساقطين،وحدد أهدافها في ضرب الحركة من جهة _ الجبهة الشعبية لتحرير الساقية الحمراء وواد الذهب وضرب الوعي الصحراوي وعقيدة المقاومة من جهة أخرى بإشاعة الغموض حول الواقع الإجتماع، وفصل الجماهير عن النخب ليسهل تجهيلها والإجهاز على المشروع.

كانت خطة شاملة،تحاك ضدنا, حينما كنا نغط في سبات عميق ،منتظرين،وعود الأمم المتحدة،في تمكين شعبنا من حقه في تقرير

المصير والاستقلال،وكانت دولة الاحتلال العميلة للمجموعة الأوربية من جهة،والولايات المتحدة الأمريكية من جهة اخرى،تحاول أن تتملص من التزاماتها الدولية ،المتعلقة بتقرير مصير الشعب الصحراوي واستقلاله،وكانت هيمنة الدول الإمبريالية التي خرجت منتصرة من

الحرب الباردة،والتفافها على القانون الدولي،بمثابة تشجيع لها، على التمادي في انتهاك القانون الدولي،بل على ادعاء السيادة في انتهاك خطير وسابقة من نوعها للتعارض مع إعلان مبادئ الأمم المتحدة ،وخصوصا مبدأ السيادة الدائمة للشعوب على أراضيها وثرواتها وقبل أن تتضح كل هذه الشروط الموضوعية، التي اسميها شخصيا بعودة الهيمنة الإمبريالية الجديدة بمفاهيم، جديدة أشبه ما تكون بمفهوم الحماية للعهد الإمبريالي الأول والتي ستعطي لا محالة، نتائج مشابه له ،ليس فقط من خلال واقع الهيمنة والاستعمار الجديد ونهب ثروات الشعوب،ولكن كذلك بانطلاق النضال والمقاومة الشعبية عند كافة الشعوب التي تتعرض اليوم للاعتداء ومحاولة

الهيمنة عليها ،وبدت بوادر هذه المقاومة واضحة في شمال مالي وتشاد،ومواقع أخرى في أمريكا اللاتينية وآسيا وأفريقيا وعودة حرب التحرير في الصحراء الغربية, كل هذا دفعنا إلى كتابة هذه المساهمة التي نعبر من خلالها عن عدالة قضيتنا ونتموقع إلى جانب افراد شعبنا المكافح في مواقع الفعل والنضال، ما قبل المؤتمر الخامس عشر أحسسنا بهذه الهجمة المغرضة ، وتكالب الأعداء،ومحاولاتهم الفاشلة لشق الصف الصحراوي وإضعافه، في وقت كنا نلملم فيه جراح فقدان الشهيد محمد عبد العزيز،والشهيد البخاري،والطامة الكبرى أن الشهيد محمد خداد كان خارج المواجهة،وقريبا جدا من تسليم الروح المناضلة الصادقة،إلى بارئها، واحسسنا اننا في وقت قليل فقدنا مثلث التوازن،الذي تقف عليه القضية الوطنية،واقتنعنا بأن القضية تحتاج إلى كل ابنائها وبناتها،ولكن المفرح والمشجع اننا وجدنا ان مناضلين الجبهة الشعبية لتحرير الساقية الحمراء وواد الذهب، بمن فيهم الطاقات الشابة والأباء المؤسسين،ومنهم بين هؤلاء وهؤلاء، قد استشعروا

نفس الخطر،و كثفوا من عطائهم النضالي وكان إعلان الجبهة بواسطة بيانها الشهير, عن مراجعة التعاطي مع المسلسل الأممي، وبعده مباشرة إنعقاد المؤتمر الخامس عشر بمثابة نقطة تحول محورية لا تقل أهمية عن اندلاع الكفاح المسلح سنة 1973م.

واقتنعنا كذلك بأن هذا التحليل العلمي لواقعنا الاجتماعي،والواقع المحيط بنا،والذي استعمله آباء الثورة في فهم الحركة العامة لواقعهم ومحيطهم،مارسوا من خلاله الوعي والتوعية بل جعلوه مبدأ من مبادئ الثورة الصحراوية،لابد ان يكون مفتاح فهم هذه الشروط التاريخية المعقدة في راهنها وربطها بالماضي والمستقبل،هذه النظرة العلمية العميقة إلى الواقع التي جعل منها آباء الثورة نهجا فكريا وعلميا، ينقلون من خلالها الوعي الحقيقي للواقع إلى الإدراك الذاتي الجماعي للشعب الصحراوي،وينتجون منها نظرية ثورية نعتمدها كأساس،لبناء ، صرح فكري يعتمد على مفاهيم علمية،نقدية،ثورية، تحررية يتم تداولها وتكرارها كأداة ،للتحليل والنقد،و كمرجعية للتصور العام للتحرر على المستوى الوطني أو على مستوى العالم

إنطلاقا من هذا التصور بدأنا في كتابة هذه الأبعاد الثلاثة للثورة الصحراوية،أي البعد القانوني ،والبعد الحقوقي،والبعد السياسي،وركزنا على إبراز الهدف من كل مبحث رغم أننا لانعتبره سوى محاولة متواضعة نتمنى أن تستفز من النقاش الفكري, العلمي ,الهادئ, ما بإمكانه أن يفيد المشروع الوطني.

لقد تعمدنا عدم الخوض في الملخص التاريخي للقضية باعتبار كتابتنا موجهة إلى جمهور المثقفين الصحراويين، وباعتبار أن هذه الإبعاد، القانوني،والحقوقي والسياسي،لا تحتمل مجالا آخر كمجال التاريخ يمكن أن يشتت انتباه القارئ عن الأهداف المتوخاة منها،والهدف من القانوني هو، ;

مد المناضل القاعدي الصحراوي ببعض الأدوات القانونية للمرافعة,لتوفير أدوات المرافعة، وأسس الوعي بعدالة القضية وشرعيتها وفي نفس الوقت نجابه بها ،هذه الهجمة المسعورة التي تستهدف الانتقاص من السيادة الدائمة للشعب الصحراوي على أرضه،وقد عرجنا على بعض المبادئ القانونية والمفاهيم ،وكان لابد

أن نتعرض لمفهوم التدخل الأجنبي،لأننا نعتقد ان بعض القوى الإمبريالية تحاول تدمير القانون الدولي،وتخلق مفاهيم لا تعريف قانوني ولا مغزى لها إلا وظيفتها الإيديولوجية للهيمنة كجزء من نسق عام لخلق واقع عام يشرع الهيمنة الإمبريالية في صفتها الجديدة، وواقعها ما بعد الحرب الباردة

وفي المبحث الثاني وهو مبحث مفهوم حقوق الإنسان،انطلقنا من عدم التسليم، بالأفكار العامة والمسلمات والبديهيات،كفكرة شمولية, مفهوم حقوق الإنسان،وحاولنا الفصل بين الخبرة اليومية للحقوقي كممارس في الميدان ،كخبرة يكتسبها صاحب اي مهنة بالممارسة الميكانيكية،والغير واعية،وبين تحليل المفهوم كونه يعبر عن الحركة العامة للمجتمع ونقد وظائفه الإيديولوجية كتصور للطبقة السائدة , التي تستطيع فرض تصورها في كل شئ حتى في مفاهيم الحريات والحقوق،وبالتالي صياغة مضامينها بما يخدم مصالحها الإقتصادية كبنية اساسية محددة للبنات السياسية والإيديولوجية في الفكر الرأسمالي السائد

وحاولنا كشف المضمون الإيديولوجي لها ووظائفه الخفية التي تجعل من هذه المفاهيم الحقوقية،وحتى بعض المبادئ القانونية تعبيرا سياسيا عن مصالح الطبقات الرأسمالية، ومصالح الدول الإمبريالية،وأخذنا اجندات التنمية المستدامة كمثل على تحوير مفهوم حقوق الإنسان المؤطر لها, لجعله يخدم مصالح الإستعمار والإحتلال ،بل يستثني بعض الشعوب من حقها في التنمية،وينتهك سيادتها الدائمة على أوطانها،وخلال كل هذا البحث كنا ننطلق من التصور العلمي لحقوق الإنسان في سياقه الاجتماعي وليس كفرد،و نؤمن بحقوق الإنسان ،من وجهة نظر،نقدية، علمية،تقدمية ،و بمفاهيم تحررية بديلة لمفاهيم الهيمنة.

وركزنا على الفصل بين السياسي ،والحقوقي،وبين الخط الثوري التحرري , وبين التحريفية، ورغم اهمية الرد على الخصومات السياسية التي نتعرض لها بين الفينة والأخرى، فقد كنا نحاول دائما ان نحافظ،على الموضوعية كركن أساسي للنظرة العلمية العميقة للواقع ،أو البحث العلمي ، باعتباره مرجعية لكل المبادئ الأخرى،

وفي المبحث الثالث ،ناقشنا مسألة الوعي، بنوعيه ،السلبي، الناتج عن الإيديولوجية السلبية التي تشيع الغموض حول الواقع،وحددنا شكله ،كوعي مشوه , وزائف حول الواقع الاجتماعي،والوعي الإيجابي وهو الوعي الحقيقي بالواقع،الناتج من الإيديولوجية الموجبة أو الفكر العلمي ،وانتهينا إلى الخطاب السياسي كوعي ذاتي بالحقبة التاريخية،في مرحلة الجيل الأول للثورة ،وبعض أسسه في المرحلة الراهنة،وخلال كل هذه البحث ، حاولنا أن نبني صرحا، فكريا،علميا، وطنيا،يستمد، شرعيته من التعبير عن آمال الشعب الصحراوي،

تكمن اهمية قراءة هذا البحث كفكر عام عن القضية الوطنية الصحراوية،من وجهة نظر جديدة،وانطلاقا من نسق علمي , فكري، ثوري،يدخل في الإطار العام لفكر الجبهة الشعبية لتحرير الساقية الحمراء وواد الذهب،و يلتزم التزاما صارما بمبادئها ،يضع المصالح العليا للشعب الصحراوي فوق جميع الإعتبارات الأخرى.

كرونولوجيا تصفية الاستعمار من الصحراء الغربية

تعتبر هذه الكرونولوجيا،ملخص لبعض الأحداث الكبرى في التاريخ المعاصر للشعب الصحراوي, ولا تعتبر بأي حال من الأحوال , سرد تاريخي , ولا تحليل تاريخي لمراحل الصراع ، ونرى أن أهميتها فقط في مساعدة القارئ , على فهم جوهر الصراع , وربطه بمصدره الأساسي الذي هو في نظرنا دائما تكالب كولونيالي متحالف مع الكمبرادور والأوليغارشا، كمكونات وظيفية لهذا الكولونيال، وتتضح هذه العلاقة جلية كلما حددنا القوى التي تمنع الإنتصار الديمقراطي للثورات وتقف أمام حق الشعوب في تقرير مصيرها وفي الإستقلال، باستعمال حق الفيتو في مجلس الأمن أو باستعمال غيره من ادوات ومفاهيم الهيمنة، مهما ادعت هذه القوى, وقوفها إلى جانب حقوق الإنسان.

_وقعت إسبانيا معاهدة الحماية مع القبائل والصحراوية وبدأت في استعمار الأرض سنة 1984.

_وفي سنة 1963 وضعت الأمم المتحدة قضية الصحراء الغربية على أجندتها من خلال تعيين اللجنة الخاصة بالصحراء الغربية في الإطار الدولي العام لتصفية الاستعمار.

تبنت اللجنة الخاصة تقاريرها حول الصحراء الغربية وقدمتها أمام الجمعية العامة للأمم المتحدة التي صادقت على القرار 196/2072 R/ الذي طالبت من خلاله الأمم المتحدة اسبانيا بإنهاء استعمارها للصحراء الغربية وتمكين الشعب الصحراوي من حقه في تقرير المصير والإستقلال.

_تجدر الإشارة إلى أن الجمعية العامة حددت شكل هذا الإستفتاء في القرار 1966/2229 R /مدعوما بقرار قمة الوحدة الإفريقية المنعقدة نفس السنة في أديس أبابا والمطالب بإنهاء الاستعمار من الدول الإفريقية.

عانت إسبانيا من المقاومة الصحراوية الشرسة ،سواء تحت مسمى

الجهاد إلى بعد منتصف القرن العشرين، أو تحت اسم الحركة الطلائعية التي أسسها وتزعمها محمد سيدي إبراهيم بصير من مدينة السمارة سنة 1969 وقضت عليها إسبانيا في مجزرة حي الزملة بمدينة العيون واختطفت زعيمها وهو ما زال مجهول المصير.

في سنة 1973 تأسست الجبهة الشعبية لتحرير الساقية الحمراء وواد الذهب على أنقاض الحركة الطلائعية وضمت في صفوفها كل أعضاء مكتب الحركة الطلائعية الناجين من مجزرة الزملة الرهيبة.

1974مجلس الأمن الدولي يطلب الرأي الاستشاري لمحكمة العدل الدولية لاهاي باعتبارها هيئة استشارية للأمم المتحدة ، وجاء في خلاصة هذا الرأي في الصفحة سبعين منه وهو يتكون في مجمله من ثلاثة وسبعين صفحة : ان الوثائق والمعلومات التي طرحت أمام المحكمة لا تجد فيها ما يبرر أي علاقة سيادة بين أراضي الصحراء الغربية والمملكة المغربية من جهة ولا بين أراضي الصحراء الغربية ومجموعة موريتانيا من جهة اخرى ، وأخلصت إلى أنها لا تجد مبررات من شأنها إعاقة حق الشعب الصحراوي في

تقرير مصيره وفي الإستقلال.

6نوفمبر 1975 يبدأ نظام الحسن الثاني في احتلال الصحراء الغربية ومسلسل الإستيطان بما يسمى المسيرة الخضراء وإغراق المناطق المحتلة ب 350 ألف مستوطن، بينما كانت قوات الجنرال أحمد الدليمي تتوغل في المناطق الشمالية الشرقية من الصحراء الغربية تقتل وتختطف كل من وجدته في طريقها ون البدويين الصحراوين.

22نوفمبر 1975 يجتمع مجلس الأمن حول قضية الصحراء الغربية ويطلب من المملكة المغربية سحب المكون المدني والعسكري لما يسمى المسيرة الخضراء وذلك في نص القرار 1975/11/22/388.

26فبراير 1976 تنسحب إسبانيا من الصحراء الغربية بدون تطبيق أحكام القانون الدولي والقرارات الأممية ذات الصلة ويبدأ الجيش المغربي في شن حرب احتلال من الشمال، والجيش الموريتاني من الجنوب ليحتل المغرب منطقة واد الساقية الحمراء ,

بينما يحتل الجيش الموريتاني منطقة واد الذهب.

27نوفمبر 1976 إعلان الجمهورية العربية الصحراوية الديمقراطية.

1979نهاية الحرب الموريتانية على الصحراء الغربية واعتراف موريتانيا بالجمهورية العربية الصحراوية الديمقراطية وتوقيع معاهدة الجزائر بإشراف الأمم المتحدة التي رحبت بإنهاء موريتانيا إحتلالها لمنطقة واد الذهب وطالبت المغرب ان يحدو حدوها وينهي إحتلاله للمناطق التي يحتلها وذلك في نص القرار 1979/3734 والذي اعترفت فيه الأمم المتحدة بالجبهة الشعبية كممثل شرعي ووحيد للشعب الصحراوي.

بين سنة 1981 و 1987 تمادى المغرب في ضمه بالقوة لأراضي الصحراء الغربية وبنى جدار الفصل العنصري بين الأراضي المحتلة والأراضي المحررة، و يبلغ طوله 2725 كلم من الشمال إلى الجنوب محمي ب 7000000 من الألغام تقريبا المضادة للأفراد والناقلات.

1984منظمة الوحدة الإفريقية تعترف بالجمهورية العربية الصحراوية الديمقراطية،العضو رقم 51 في المنظمة القارية.

في سنة 1991 وقع الطرفين المملكة المغربية وجبهة البوليساريو على مسلسل السلام برعاية منظمة الوحدة الإفريقية ومنظمة الأمم المتحدة والمسلسل يتضمن وقف إطلاق النار(الإتفاقية العسكرية رقم 1) وتنظيم استفتاء تقرير مصير الشعب الصحراوي قبل نهاية 1992،مسلسل السلام وافق عليه مجلس الأمن في قراره 690 و 658 من نفس السنة.

وتم إنشاء البعثة الأممية لتنظيم استفتاء تقرير المصير في الصحراء الغربية وهو ما يعنيه اسمها اختصاراMINURSO:

1992عرقلة استفتاء تقرير المصير من طرف المملكة المغربية.

1997إلى سنة 2004, مرحلة المبعوث الأممي ممثل الأمين العام للأمم المتحدة جيمس بيكر:خطة بيكر للتسوية،اتفاق هيوستن الذي وقعه الطرفان ووافق عليه مجلس الأمن 1945 استقال جيمس بيكر سنة 2004.

بين سنة 2005 و 2008 بيتر فان فالسوم لم يتم تجديد الثقة فيه من الأمين العام للأمم المتحدة.

2009المبعوث كريستوفر روس،استقال في مارس 2017.

2018- 2019 الرئيس الألماني السابق كمبعوث أممي استقال يوم 23 ماي 2019

13نوفمبر 2020 يخرق الجيش المغربي وقف إطلاق النار بمهاجمة المدنيين الصحراويين المعتصمين في ثغرة القرارات الغير الشرعية الفاصلة بين الحدود الصحراوية الموريتانية والتي يستعملها المغرب لتمرير الثروات المنهوبة من الأراضي المحتلة وتهريب المخدرات،وكنتيجة مباشرة لخرق الاتفاقية العسكرية رقم 1 تندلع الحرب من جديد

في أكتوبر 2021 عين الأمين العام للأمم المتحدة ستيفان دي مستورا ممثلا خاصا عنه في قضية الصحراء الغربية، بدون وضع معطيات جديدة ولا أسس حقيقية للحل.

المبحث الأول:

الوضوح القانون لشرعية وعدالة القضية الصحراوية

تعتبر قضية الصحراء الغربية من أوضح قضايا تصفية الاستعمار في نظر القانون الدولي،كون كل القرارات الصادرة من الجمعية العامة،ومجلس الأمن،ورأي محكمة العدل الدولية ،ومخرجات محكمة العدل الأوروبية،والدراسات الجانبية تؤكد على حق الشعب الصحراوي في تقرير المصير والإستقلال،بل منها ما يؤكد مسؤولية المجتمع الدولي حول تمكين الشعب الصحراوي من حقه في تقرير المصير، ومسؤولية الأمم المتحدة في تصفية الاستعمار من الصحراء الغربية،وكذا المسؤوليات المترتبة عن الوضع القانوني لأراضي الصحراء الغربية،خصوصا في تطبيق القانون الخاص الذي يأطر خصوصا حالات النزاعات،والاحتلال العسكري،وما يتعلق منها بحماية المدنيين الصحراوين،وقبل معالجة هذا المبحث لابد من الإشارة إلى أنه من أجل;

معالجة قضية الصحراء الغربية في القانون الدولي ومن أجل الوضوح القانوني ،أن أي مقاربة

قانونية أو دراسة أو بحث ،فيما يتعلق بالوضع القانوني لأراضي الصحراء الغربية، يجب أن تأخذ بعين الاعتبار كل المعطيات القانونية كقرارات الجمعية العامة للأمم المتحدة، واللجنة الخاصة بتصفية الاستعمار ,وقرارت لجنة تقصي الحقائق, وقرارات مجلس الأمن،و الرأي الاستشاري لمحكمة العدل الدولية،والقانون التأسيسي للاتحاد الإفريقي،والميثاق الإفريقي لحقوق الإنسان والشعوب ونتيجة دراسة مركز بحوث البرلمان الألماني،ومخرجات محكمة العدل الأوروبية،باعتبار هذه المعطيات القانونية، هي المفتاح لفهم شرعية وعدالة القضية الصحراوية والوضوح القانوني لها،وكل مقاربة أو دراسة تتجاهل هذه النصوص تعتبر لاغية ولا شرعية في نظر القانون الدولي.

في سنة 1963 سجلت ارضي الصحراء الغربية المستعمرة الإسبانية

والمعروفة آنذاك بالصحراء الإسبانية،عالميا،ومعروفة في اسبانيا بالإقليم الإسباني 53،على أجندة الأمم المتحدة ،وقدمت اللجنة الأممية الخاصة بالصحراء الغربية تقريرها ومقترحات للحل،ووافقت عليه و تبنته الجمعية العامة للأمم المتحدة،في جلستها العامة ليوم السادس عشر ديسمبر 1965 وهو القرار المعروف ب1965/2072 والذي تضمن في منطوقه, اربع نقاط اساسية،وجاء فيها:

بعد دراسة تقرير اللجنة الخاصة بدراسة الوضع في إفني والصحراء الإسبانية،فيما يتعلق بتطبيق بيان إعلان منح الاستقلال للشعوب المستعمرة،والخاص بهاتين المنطقتين ،

نذكر ببيان منح الإستقلال للدول والشعوب المستعمرة،في محتوى القرار 1514 ليوم 14 ديسمبر 1960 والتي ألهمته الرغبة الجامحة للمجتمع الدولي لانهاء الاحتلال في جميع مناطق العالم وتحت كل أشكاله

- توافق على أحكام القرار المتعلق بإفني والصحراء

الإسبانية،الصادر في 16 أكتوبر 1964 من قبل اللجنة الخاصة المكلفة بدراسة القضية, فيما يتعلق بتطبيق إعلان منح الاستقلال للبلدان والشعوب المستعمرة

ـ حث الحكومة الإسبانية،بصفتها السلطة القائمة بالإدارة ، على اتخاذ التدابير اللازمة على الفور لتحرير افني واراضي الصحراء الإسبانية من السيطرة الإستعمارية ،والدخول في مفاوضات لتحقيق هذه الغاية بشأن المسائل المتعلقة بالسيادة التي تطرحها هاتان المنطقتان.

ـ يدعو اللجنة الخاصة إلى تقديم تقرير إلى الجمعية العامة في دورتها الحادية والعشرين حول تنفيذ هذا القرار.

ـ يطلب من الأمين العام إحالة هذا القرار إلى الدولة القائمة بالإدارة.

2072 (XX). Question d'Ifni et du Sahara espagnol

L'Assemblée générale,

Ayant examiné les chapitres des rapports du Comité spécial chargé d'étudier la situation en ce qui concerne l'application de la Déclaration sur l'octroi de l'indépendance aux pays et aux peuples coloniaux relatifs à Ifni et au Sahara espagnol [24],

Rappelant la Déclaration sur l'octroi de l'indépendance aux pays et aux peuples coloniaux contenue dans sa résolution 1514 (XV) du 14 décembre 1960,

Considérant que ladite Déclaration est inspirée par le désir ardent de la communauté internationale de mettre fin au colonialisme partout et sous toutes ses formes,

1. *Approuve* les dispositions de la résolution concernant Ifni et le Sahara espagnol adoptée le 16 octobre 1964 par le Comité spécial chargé d'étudier la situation en ce qui concerne l'application de la Déclaration sur l'octroi de l'indépendance aux pays et aux peuples coloniaux [25] ;

2. *Prie instamment* le Gouvernement espagnol, en tant que Puissance administrante, de prendre immédiatement les mesures nécessaires pour la libération de la domination coloniale des territoires d'Ifni et du Sahara espagnol et d'engager à cette fin des négociations sur les problèmes relatifs à la souveraineté que posent ces deux territoires ;

3. *Invite* le Comité spécial à faire rapport à l'Assemblée générale, lors de sa vingt et unième session, sur la mise en œuvre de la présente résolution ;

4. *Prie* le Secrétaire général de transmettre la présente résolution à la Puissance administrante.

1398e séance plénière,
16 décembre 1965.

القرار 1965/2072 ،قرار الجمعية العامة للأمم المتحدة في جلستها العامة 1398 يعتبر مرجعية قانونية أسندت إليه قرارت كثيرة، جاءت بعده بل شكل مرجعية قانونية،باعتباره ،حدد أن القضية :قضية تصفية استعمار كما حدد الدولة القائمة بالإدارة وأقر بمنح الشعب الصحراوي حقه في الإستقلال،وحل القضية طبقا للإعلان, عن منح الاستقلال للبلدان والشعوب المستعمرة و الغير متمتعة بالحكم الذاتي،وجاء الإعلان العام لمبادئ الأمم المتحدة في محتوى القرار 1970/2625 ليعزز هذا التوجه، ويحدد أن مبدأ الحق في تقرير المصير ينبع أساسا من مبدأ السيادة ،ويؤكد أن الوضع القانوني للبلدان المستعمرة يبقى منفصلا , و منعزلا عن القوى المديرة أو المستعمرة وان هذا المركز القانوني المنفصل والمنعزل لا يتغير إلا بممارسة الشعب المعني لحقه ,الغير قابل للتصرف ,في تقرير مصيره عبر استفتاء حر ونزيه، و بعيدا عن اية ضغوط عسكرية كانت أو ادارية، يمكن أن تمارسها الدولة القائمة بالإدارة، ومن هنا تنبع مسؤولية الأمم المتحدة في تصفية الاستعمار

من الصحراء الغربية، خصوصا وأن مجلس الأمن طلب الرأي الاستشاري لمحكمة العدل الدولية ،وهاته الأخيرة أجابت بأن المعلومات والوثائق التي قدمت أمامها لا تقر ولا تدل على اية علاقة سيادة بين أراضي الصحراء الغربية والمملكة المغربية،ولا بين أراضي الصحراء الغربية ومجموعة ،مورتانيا ،ولهذا لا ترى ما من شأنه ان يعيق حق الشعب الصحراوي في تقرير المصير والإستقلال ،باعتبار حق تقرير المصير ينبع من مبدأ السيادة الدائمة المحفوظ بدوره في المركز القانوني للبلد.

Le territoire d'une colonie ou d'un autre territoire non autonome possède, en vertu de la Charte, un statut séparé et distinct de celui du territoire de l'Etat qui l'administre; ce statut séparé et distinct en vertu de la Charte existe aussi longtemps que le peuple de la colonie ou du territoire non autonome n'exerce pas son droit à disposer de lui-même conformément à la Charte et, plus particulièrement, à ses buts et principes.

مبدأ السيادة هو ممارستها من طرف السلطة المعترف بها، على شعب يسكن حدود جغرافية معينة ومحددة، واقترن تاريخيا بالاستقلال، ويعتبر أهم المبادئ التي بنيت عليها شريعة العلاقات

الدولية ، كما بنيت عليها مجموعة من المفاهيم الحقوقية ،كحق تقرير المصير الذي ينبع أساسا من مبدأ السيادة .

وحينما طلب مجلس الأمن ،الرأي الاستشاري لمحكمة العدل الدولية حول مسألة السيادة على أراضي الصحراء الغربية كان الأمر يتعلق بتحديد مبدأ قانونيا، وعندما أوضحت محكمة العدل الدولية في رأيها الاستشاري ان الشعب الصحراوي وفقط الشعب الصحراوي هو السيد على أرضه ولذلك يكون الحل هو إعطاء الشعب الصحراوي الحق في تحديد مستقبله السياسي ،أي في اختيار شكل الحكم الذي يحب العيش في ظله،بمعنى أن السيادة والإستقلال هي منبع حق تقرير المصير ولكنها في نفس الوقت هي منبع سيادة الشعب على ثرواته الطبيعية،وفي تحديد نهجه الاقتصادي والسياسي وسلوكه الثقافي والحضاري، .

القرار: 1962/1803 للجمعية العامة للأمم المتحدة في دورتها السابعة عشر، والمتكون من ثماني فقرات،يعتبر الأساس القانوني لحفظ ثروات الشعوب من النهب،وقد عملت لجنة القانون الدولي

على تضمينه مجموعة من الأحكام, لأجل الوضوح في هذا المقام م مثل الإعلان في الفقرة الأولى:

(يراعى وجوب استعمال حق الشعوب والأمم في السيادة الدائمة على ثرواتها ومواردها الطبيعية وفقا لمصلحة إنمائها القومي ورفاه شعب الدولة المعنية).

يشترط هذا القرار،قبل أي تبادلات تجارية اخد موافقة , الشعب السيد على أرضه وثرواته ومواردها الطبيعية، باعتبار سيادته الدائمة عليها لكونه يتمتع بوضع قانوني منفصل ومنعزل عن القوى المستعمرة أو القائمة بالإدارة، ويبقى هذا الوضع القانون المنفصل والمنعزل ثابتا في الزمن إلى ان يتمتع الشعب المعني بحقه في تقرير المصير والإستقلال

1808/1962 تأطير المرجعية التاريخية والقانونية لمفهوم حق تقرير المصير

تميزت المرحلة الراهنة أي مرحلة ما بعد الحرب الباردة، من تاريخ الإنسانية،بإخضاع ,مفاهيم الحقوق ومبادئ القانون للمصلحة ،لمصلحة المنتصرين المهيمنين،وهذا حقيقة هو مانقصده حينما

نقول،ان القانون الدولي يصبح تعبيرا سياسيا عن مصالح الإمبريالية،وإنه منذ عقود تحول القانون الدولي،من مفاهيم ،وقواعد بهدف العدالة والحرية، وأصبح بهدف حفظ الأمن والسلم الدوليين، وهذا واضح في الإعلان العام لمبادئ الأمم المتحدة الذي صاغته اللجنة القانونية،وأصبح منذ سنة 1970 قاعدة قانون أساسية ،ومرجعية للتشريع ورغم ذلك يبقى التطبيق الفعلي للقانون الدولي وبدون تحوير أهدافه هو السبيل الوحيد ،للسلم والأمن الدوليين والتعاون بين الدول،والمساواة بين الشعوب والدول كبيرها،وصغيرها.

رغم وجود شروط موضوعية معقدة باعتبار تنافر وتعارض مصالح القوى الفاعلة في مجلس الأمن والأمم المتحدة إلا أنه وبالرغم من ذلك صوت مجلس الأمن بإجماع أعضائه على القرار 2152 (2014) تأكيد على حق الشعب الصحراوي في تقرير المصير,والإستقلال وهذا يعزز قوة القانون من جهة،ووضوح عدالة القضية الصحراوية ،كقضية تصفية استعمار،رغم تعارض الإنتصار الديمقراطي للثورة الصحراوية مع أطماع بعض القوى الإمبريالية المهيمنة على مجلس الأمن والأمم المتحدة بالتدخل عليها والتأثير في قراراتها،باعتبارها دول خرجت منتصرة من الحرب الباردة،وأصبح

لها مجال شاسع لتحقيق اجنداتها الجيوسياسية, من خلال التدخل في الشؤون الداخلية للشعوب،ونهب ثرواتها.

ولكن, ما هو حق تقرير المصير؟

وما قيمته في القانون الدولي ؟

ما تاريخه ؟

, ماهي المضامين الحقوقية والسياسية والاقتصادية والثقافية التي ضمنت ؟

بل ما معنى تقرير المصير السياسي الاقتصادي والثقافي؟,

وما علاقته بـ تمتع الشعوب بحقوقها ,السياسية والمدنية،والثقافية والإقتصادية

وكيف يمكننا أن نستعمل هذه الأدوات القانونية في صراعنا نحو الاستقلال وضرورة خلق هذا النوع من الوعي لدى المناضل القاعدي الصحراوي.

استهل حق تقرير المصير في بدايات القرن السادس عشر سنة 1526م ,في استقلال الأجزاء الشمالية لهولندا عن المملكة الإسبانية، ولكنه لم يجد طريقه للتطبيق إلا في 4 تموز 1776 م في الاستقلال الأمريكي , وبداية ظهوره كمفهوم حقوقي، ومبدأ قانونـي.

عرف فقهاء القانون الدولي حق تقرير المصير بأنه:حق أي شعب في اختيار شكل الحكم الذي يريد العيش في ظله والسيادة التي يريد الإنتماء إليها باعتبار السيادة ركن أساسي من أركان تقرير المصير.وكان استقلال الأجزاء الشمالية من هولندا عن المملكة الإسبانية في القرن السادس عشر هو الذي حقق المبدأين الأساسيين:

1/مبدأ حق الشعب في السيادة

.2/مبدأ حق الشعب في إقامة دولة مستقلة.

واعتبرت وثيقة حقوق الإنسان الفرنسية المنجزة عام 1789م كنتيجة

مباشرة لمبادئ الثورة الفرنسية أول نهوض فعلي لحق تقرير المصير - في وقتنا الراهن يشعر الحقوقيين الفرنسيين بالإحباط لأن حكومتهم تقف في وجه حقوق الإنسان وبذلك تخون مبادئ الثورة الفرنسية و إدا كانت جمعية سيربـي الفرنسية وعدد من الهيئات الحقوقية الفرنسية تناهض العلاقات الفرنكو إفريقية,باعتبار التدخل الفرنسي في افريقيا ،انتقاص من سيادة واستقلال ،الشعوب الإفريقية على أراضيها وثرواتها ومواردها الطبيعية، ولأن موقف فرنسا من حقوق الإنسان في الصحراء الغربية مثلا , مخجل بامتياز, وقد وقفت أمام خيار مراقبة حقوق الإنسان في المناطق المحتلة من طرف المينورسو،البعثة الأممية الوحيدة في العالم التي لا تراقب وضع حقوق الإنسان في مجال عملها وهذا تدخل على الأمم المتحدة،وصدها عن ممارسة دورها في حل القضايا،ويتعارض مع مبادئ الأمم المتحدة،وروح القانون الدولي.

وهذا التدخل ليس حكرا على الصحراء الغربية بل يمتد إلى كل الدول التي تربطها معاهدات الإستعمار الجديد مع فرنسا،هذه الهيمنة الإستعمارية المتسترة بالمعاهدات الزائفه،وهذه القوى الإمبريالية المهيمنة على ثروات الشعوب ،بواسطة حكومات

كولونيالية،تحكم بالوكالة،وتعتبر حكومات لا وطنية،ولا شعبية ولا ديمقراطية،ولكنها مدعومة من طرف القوى الإمبريالية ،مما يؤدي إلى الانتقاص من السيادة الدائمة للشعوب على أوطانها وثرواتها ، وانتهاك حقها في تقرير مصيرها باعتبار السيادة كما اسلفنا ركن هام من أركان تقرير المصير,و انتهاك مبدأ المساواة بين الشعوب،والأمم،وتهديد السلم والأمن الدوليين، من خلال ممارسة الهيمنة على الشعوب،بأي ذريعة من الذرائع،وبأي وسيلة،من وسائل الهيمنة.

- تعزيز الأمن والسلم العالميين وإنماء العلاقات الودية بين الشعوب وتأكيد مبدأ المساواة في الحقوق بين الشعوب و تهيئة دواعي الاستقرار: هذا ما نصت عليه المادة الأولى من أهداف ومبادئ الأمم المتحدة بالإضافة إلى المادة 55 من الفصل التاسع والتي تعتبر مبدأ الحق في تقرير المصير, أساسيا لخلق الاستقرار ولكن غموض هذا النص أدى إلى اندلاع صراع بين الدول الاستعمارية والدول المناهضة للاستعمار حول تأويل المفهوم , وكان الفصل فيه للجمعية الرابعة للأمم المتحدة بقرارها 421 لسنة 1950 طالبة من لجنة حقوق الإنسان وضع توصيات حول الطرق التي تكفل

للشعوب حق تقرير المصير ونصت في قرارها 545 لسنة 1952م على ضرورة تضمين الاتفاقية الخاصة بالحقوق المدنية والسياسية والاتفاقية الخاصة بالحقوق الاقتصادية والاجتماعية والثقافية ومن نفس السنة أصدرت القرار 673 الذي اعتبر حق الشعوب في تقرير مصيرها شرطاً ضرورياً للتمتع بجميع الحقوق الأساسية. ويلزم كل عضو في الأمم المتحدة الحفاظ على تقرير المصير للأمم الأخرى واحترامه.

وكنتيجة للتقارير التي قدمتها لجنة حقوق الإنسان عبر المجلس الاقتصادي والثقافي أصدرت القرار 1514 لسنة 1960م والذي يعتبر الأساس الذي أسندت إليه كل قرارات الأمم المتحدة لاحقاً,وبذلك يعتبر قاعدة اساسية للتشريع , وينص على حق الشعوب ودون تمييز في تقرير مصيرها السياسي والإقتصادي والثقافي وأن كل ما يعرقله أو يؤخره يعتبر إنكاراً لحقوق الإنسان الأساسية وعائقاً للسلم والتعاون الدوليين.

الجبهة الشعبية لتحرير الساقية الحمراء وواد الذهب هي الممثل الشرعي للشعب الصحراوي:

اعترفت الأمم المتحدة بالأراضي الصحراوية،كمناطق غير مصفاة من الإستعمار،و الشعب الصحراوي السيد على هذه الأراضي وحملت نفسها مسؤولية تمكينه من حقه في تقرير المصير والاستقلال،من خلال قراراتها ذات الصلة،والتي أصدرتها تباعا منذ 1965م وفي نفس الوقت , ظل الشعب الصحراوي يكافح من أجل استقلاله التام عن أي كيان واي ادارة تفرض عليه بالقوة في تناسق تام مع معطيات القانون الدولي،وقامت حركة التحرير،الجبهة الشعبية لتحرير الساقية الحمراء وواد الذهب،طبقا لهذه المعطيات القانونية،والشرعية الدولية واعترفت الأمم المتحدة بشرعيتها لتمثيل الشعب الصحراوي بمجموعة من القرارات والممارسات من أبرزها القرار الاممي 1979/3437 وكذلك توقيع الجبهة على اتفاقيات جنيف والبروتوكول الملحق في 22 يونيو 2015 وهي اتفاقيات والتزامات القانون الإنساني الدولي الذي توقعه حصريا الدول المستقلة وحركات التحرر التي تمثل شعوبها.

وأعلنت الجبهة الشعبية لتحرير الساقية الحمراء وواد الذهب الجمهورية العربية الصحراوية الديمقراطية،طبقا لهذه الشرعية والقرارت

34/37. Question du Sahara occidental

L'Assemblée générale,

Ayant examiné de manière approfondie la question du Sahara occidental,

4. *Se félicite* de l'accord de paix conclu entre la Mauritanie et le Frente Popular para la Liberación de Saguia el-Hamra y de Rió de Oro et considère que cet accord constitue une importante contribution à la dynamique de paix en vue d'un règlement définitif, juste et durable de la question du Sahara occidental;

5. *Déplore vivement* l'aggravation de la situation découlant de la persistance de l'occupation du Sahara occidental par le Maroc et de l'extension de cette occupation au territoire récemment évacué par la Mauritanie;

6. *Demande instamment* au Maroc de s'engager lui aussi dans la dynamique de la paix et de mettre fin à l'occupation du territoire du Sahara occidental;

معاهدة مدريد لاغية في نظر القانون الدولي

معاهدة مدريد الثلاثية بين إسبانيا والمغرب وموريتانيا، وتقسيم

الصحراء الغربية تعتبر لاغية، وبدون مضمون،لأن الأمم المتحدة ،حثت اسبانيا على تصفية الاستعمار من الصحراء الغربية بتطبيق خطة منح الشعوب حقها الغير قابل للتصرف في تقرير المصير والإستقلال ،وعبر هذه الخطة وحدها تنهي إسبانيا مسؤوليتها الإدارية عليها على الأراضي لأنها لا تستطيع تحويل المسؤولية الإدارية،إلا بالخطة التي يمليها القانون الدولي،أما السيادة فهي للشعب الصحراوي ،والشعب الصحراوي وحده ،ولا يمكن لإسبانيا،أن تعطي مالا تملك،ولذلك،تفقد هذه المعاهدة أي قيمة قانونية،وانهت كذلك اتفاقية السلام بين جبهة البوليساريو وموريتانيا أي قيمة سياسية أو تأويل إيجابي لها،إضافة إلى أنها تنتهك أهم القواعد التشريعية للقانون الدولي وهذا ما يوضحه إعلان المبادئ حول الصحراء الذي وقعه هانس كوريل.

Nations Unies

S/2002/161

Conseil de sécurité

Distr. générale
12 février 2002
Français
Original: anglais

Lettre datée du 29 janvier 2002,
adressée au Président du Conseil de sécurité
par le Secrétaire général adjoint aux affaires juridiques,
Conseiller juridique

6. Le 14 novembre 1975, une Déclaration de principes sur le Sahara occidental a été signée à Madrid par l'Espagne, le Maroc et la Mauritanie (l'Accord de Madrid). En vertu de cette déclaration, les pouvoirs et responsabilités de l'Espagne, en tant que Puissance administrante du territoire, ont été transférés à une administration tripartite temporaire. L'Accord de Madrid ne prévoyait pas de transfert de souveraineté sur le territoire ni ne conférait à aucun des signataires le statut de puissance administrante, statut que l'Espagne ne pouvait d'ailleurs unilatéralement transférer. Le transfert des pouvoirs administratifs au Maroc et à la Mauritanie en 1975 n'a pas eu d'incidence sur le statut du Sahara occidental en tant que territoire non autonome.

Le Conseiller juridique,
Secrétaire général adjoint aux affaires juridiques
(*Signé*) Hans Corell

إنطلاقا مما سبق نفهم أن الدولة الصحراوية أعلنت،طبقا لقرارات الأمم المتحدة،والرأي الإستشاري لمحكمة العدل الدولية، وطبقا لقرارات المجموعة الإفريقية، ومجموعة عدم الانحياز،وتقارير لجنة تصفية الاستعمار، ولجنة تقصي الحقائق،وإعلان المبادئ حول الصحراء الغربية لمجلس الأمن واللجنة القانونية للأمم المتحدة

،وهذه الشرعية هو ما جعل المجموعة الإفريقية تعترف بالجمهورية العربية الصحراوية الديمقراطية، وتضمها إلى عضويتها في الوحدة الإفريقية وبعد ذلك عضو مؤسس للإتحاد،والمادة الثالثة من القانون التأسيسي للاتحاد الإفريقي تنص على احترام الحدود الموروثة عن الاستعمار للدول الأعضاء، بل على الأمم المتحدة الاعتراف بالجمهورية العربية الصحراوية الديمقراطية ككيان للشعب الصحراوي الذي حملت الأمم المتحدة نفسها مسؤولية تصفية الاستعمار من أرضه،وتمكينه من حقه في تقرير المصير والإستقلال.

مفهوم التدخل الأجنبي،

التعريف الشامل والمباشر للتدخل الأجنبي في شأني الدول:هو تعرض دولة،أو مجموعة دول،أو هيئة دولية, مثلا (صندوق النقد الدولي)،أو منظمة دولية او اقليمية في الشأن الداخلي أو الخارجي. للدولة المتدخل في شأنها وقد يكون هذا التدخل عسكريا مباشرا، وقد يكون اقتصاديا أو غير ذلك من أشكال التدخل وهو يشمل كل إكراه , يستهدف الدولة المتدخل فيها قصد تغيير اي معطى, أو قرار, في

سياستها الخارجية, او الداخلية, أو تغيير بنيتها أو نهجها الاقتصادي أو تغيير أي سلوك من سلوكياتها ذات المنبع الثقافي والحضاري.

ويجعل فقهاء القانون الدولي من عدم التدخل مبدًأ مطلقا لتعارضه مع مبدأ الاستقلال والسيادة،وتهديد السلمً أ والأمن الدوليين , ويعتبر الإحتلال العسكري أخطر أشكال التدخل بوصفه جريمة في القانون الدولي.

يبدو واضحا من الإعلان العام لمبادئ الأمم المتحدة ، إنها أنشأت لأهداف حفظ السلم والأمن الدوليين، والقضاء على مسببات الحروب .

يمكننا القول أن كل أشكال التدخل لا تحظى بتعريف قانوني،وليس لها مغزى شرعي كونها تتعارض مع مبدأ السيادة والاستقلال اللذين اعتبرا تاريخيا أساسا مهما وقاعدة للتشريع الدولي، أسندت إليه كثير من المفاهيم الحقوقية بما في ذلك الحق في تقرير المصير الذي ينبع أساسا من مبدأ السيادة . وحق تقرير المصير

هو الأخر قاعدة للتشريع الدولي ومرجعية للالتزامات الدولية التي أبرمت بعده,بما في ذلك اتفاقيات القانون الدولي لحقوق الإنسان الذي استهل مواده بتقديم احترام استقلال الشعوب وحقها في تقرير المصير كشرط أساسي للتمتع بكافة الحقوق والذي ينبع أصلا من مبدأ السيادة الدائمة للشعوب على أراضيها ،ثرواتها ،ومصادرها الطبيعية، المستهدفة أساسا من التدخل الأجنبي .

ويستمد مبدأ سيادة الدائمة للشعوب على أراضيها, قوته من مركزه في الإعلان العام لمبادئ الأمم المتحدة , وكلم عنه عنه في ديباجته ومنطوقه في محتوى القرار 1970/2625 الأممي .

ومن هنا لا بد ان نشير الى ان القانون الدولي يرفض جميع أشكال التدخل:من استعمار ،واحتلال،وحصار اقتصادي.........الخ.

و يكون كل تدخل سياسيا كان او اقتصاديا , سببا في مقاومة وردة فعل غالبا ما تتحول إلى مواجهة عسكرية تهدد الأمن والسلم الدوليين،اي تتعارض مع مبادئ وأهداف الأمم المتحدة، ولذلك حرم القانون الدولي التدخل في شؤون الدول بعضها البعض ،وجاء

ميثاق الأمم المتحدة، ليجعل عدم التدخل أساس نظامه،مستثنيا قرارات مجلس الأمن الصادرة لتطبيق العقوبات،أو قمع دولة معينة في الحالات القصوى حاولت,مثلا, ممارسة التمييز المشين الابارتهايد ،أو قمع دولة عند اعتدائها واحتلالها دولة أخرى بما يخدم السلم والأمن العالميين.

وإذا سلمنا جدلا أن للأمم المتحدة حق التدخل من خالل مجلس الأمن ,من أجل تطبيق القرارات العقابية أو الإجراءات القمعية في حق الدول المعتدية ،فإن التدخل على الأمم المتحدة نفسها من خلال ممارسة الضغط عليها كما تفعل بعض الدول التي تجمد التزاماتها المالية للأمم المتحد لحثها على اتخاذ قرار معين، او اجراء او موقف وهذا القرار أو الموقف الذي تتخذه الأمم المتحدة تحت الضغط المادي والسياسي بالإضافة إلى عدم ديمقراطيته,انتهاكا للقانون الدولي،وهيمنة على المنظمة الأممية فهو يحول الأمم المتحدة إلى اداة في يد الدول القوية المنتصرة للتدخل في الشؤون الداخلية والخارجية للدول وتصبح بذلك أداة لهيمنة الدول

على بعضها البعض,وبذلك تخلق أسباب عدم الإستقرار،وتكرس الصراع بين الدول والمجموعات الدولية ,من خلال الحفاظ على أسباب وديموم و جوهر الظلم في هذا الصراع القائم بين الدول المهيمنة، والشعوب المسيطر عليها ولهذا يتعارض التدخل الأجنبي مع مبادئ،وأهداف الأمم المتحدة.

وخلاصة القول إن الأمم المتحدة تصبح اداة الدول المنتصرة لقمع الدول الأخرى , تتدخل بها حينما يوافق التدخل مصالحها وتمنع التدخل حينما يتعارض مع مصالحها،ويصبح القانون الدولي تعبيرا سياسيا عن مصالح الدول المهيمنة على الأمم المتحدة .

الدول المنتصرة في الحرب العالمية الثانية أنهت وجود عصبة الأمم، وخلقت مكانها الأمم المتحدة،وأعطت لنفسها ميزات المنتصر،لتشكل هذه الميزات وسائل للهيمنة ، ولكن انقسام هذه الدول الى حلفين متسارعين، ايديولوجيا، أعطى للأمم المتحدة نوع من التوازن الناتج عن معارضة كل حلف لوسائل هيمنة الحلف النقيض،ولكن انتهاء الحرب الباردة بانتصار الدول الإمبريالية، ادى

إلى مباشرتها لتأكيد انتصارها وهيمنتها وبحثها الدؤوب عن وسائل ومفاهيم

وأشكال جديدة للهيمنة (ميزات أو شروط المنتصر)، إضافة إلى تلك المعروفة تاريخيا، بالقوة العسكرية، والإقتصادية، والتمتع بميزات : العضوية الدائمة في مجلس الأمن وحق الفيتو..... إلخ ولكن منذ نهاية الحرب الباردة تقريبا عمدت الدول المنتصرة، الدول الغربية الإستعمارية أصلا إلى إحكام سيطرتها،السياسية والإقتصادية والعسكرية،وإشباع حاجاتها من المعادن الإستراتيجية،ومصادر الطاقة والحاجة إلى الأسواق،وبات الوضع أشبه بواقع الحقبة المبريالية آلأولى ،في بداياتها ، أو مرحلة ما قبل الأمم المتحدة ،مع اختلاف المعطيات التقنية والفكرية،وأدوات التواصل، هذه الرغبة الجامحة في السيطرة،أدت بالدول القوية إلى التدخل في شؤون الدول األخرى خاصة الغنية بالثروات أو ذات المواقع الاستراتيجية والمهمة بالنسبة لمعطيات الجغرافية السياسية. وبدأت الدول المنتصرة التدخل في شؤون الدول مركزة على "حق التدخل

الإنساني" رغم الانتقاص من مكونات مفهوم سيادة الدولة لمصلحة مفهوم المحاسبية الدولية، وهو مبرر شكلي استهدف وضع بذور هيمنة جديدة او شكل من أشكال الحماية الجديدة يجري العمل على تضمينها في بنية العلاقات الدولية القائمة على عدم المساواة وإن كان بشكل تدريجي أولا، والعمل على تطويره موازاة مع أجندات التنمية المستدامة التي تستبيح ثروات الشعوب و المؤطرة بالقانون الدولي لحقوق الإنسان وهذا النوع من التدخل الاقتصادي يخلق واقعا جديدا تحاول النيوليبرالية تحويله عبر التواتر إلى عرف دولي له قوة القانون.

وهذه الحجج تكشف هذه الذرائع الواهية للعودة لمفاهيم التدخل العسكري والسياسي والإقتصادي الشبيهة جدا بمفهوم الحماية، أن حقوق الإنسان التي نصبو إليها، هي كما في ميثاق الاتحاد الإفريقي، لحقوق الإنسان والشعوب،هي مفاهيم حقوق الإنسان في سياقه الاجتماعي وشروطه التاريخية،اي حقوق الإنسان من وجهة نظر علمية،نقدية،تقدمية،وبديلة لمفاهيم الهيمنة،وليست مفاهيم

للهيمنة بذريعة حقوق الإنسان.

تدخل،فرنسا بشكل لا شرعي،لكي لا تكلف المينورسو، - البعثة الأممية لتنظيم الإستفتاء في الصحراء الغربية - بمراقبة حقوق،وهذا كشف الإستراتيجية الفرنسية، والإمبريالية ،بشكل عام كونها تدخلت، في سوريا وليبيا، وفنزويلا ،وبوليفيا والشيلي، ومواقع كثيرة ،في العالم بذريعة،حقوق الإنسان، وهي تقف ضد هذا المفهوم الإنساني،وفقط لأنه في هذه الحالة لا يلبي اهدافها الكولونيالية،خصوصا وأن النظام المغربي يعتبر حكومة كولونيالية تابعة لفرنسا ،ومنع تدخل الأمم المتحدة في هذه الحالة يعتبر تدخلا على الأمم المتحدة، وهيمنة على استقلاليتها.

تدخلت فرنسا مرات عديدة من خلال استعمال حق الفيتو،أو التهديد باستعماله،ضد استقلال الشعب الصحراوي،أو ممارسة حقه في تقرير المصير،وهذا التدخل المتكرر هو ما جعل قضية الصحراء الغربية قضية معقدة وهو ما دفع الممثلين الشخصيين للامين العام للامم المتحدة في هذه القضية إلى الإستقلال،لأن حقيقة من يقف

أمام حل القضية الصحراوية وفق خطة تصفية الإستعمار هي فرنسا الإستعمارية.هو من يهيمن على الأمم المتحدة وقول المفوضة السامية لحقوق الإنسان:(منعنا من ان نفعل اي شئ للشعب الصحراوي يعبر بالأساس عن قوة الضغط الممارس على الأمم المتحدة وانتهاك حقوق الشعوب من خلال هذا التدخل الغير الشرعي.

وربما تصريح المبعوث الأممي والرئيس الألماني السابق ،السيد كولر، وقد قال فيه بأنه كان يحتاج اسبوعين فقط لحل هذه القضية،والذي يتفق جملة وتفصيلا مع تصريح الخبير القانوني رويث ميغيل من جامعة سانتياغو دي لا كومبوستيلا ،بأن حل قضية الصحراء الغربية بسيط وواضح،يؤكد الوضوح القانوني لهذه القضية من جهة، ومن جهة أخرى تلاعب القوى المهيمنة على الأمم المتحدة بالقانون الدولي وتحويله،إلى تعبير سياسي عن مصالحها،وهذا سيقود العالم إلى حروب تحرر قادمة ،قد تأتي على الأخضر واليابس،لأن الظلم دائما يلهم المقاومة.

الفصل الثاني: الوظائف الإيديولوجية لمفهوم حقوق الإنسان،في الفصل، بين التحريفية،والتحرر

نشأ الإهتمام بهذا المبحث كجزء من المراجعة الفكرية الشاملة المأمولة للقضية الوطنية ،ومن محاولة الجواب على الأسئلة الملحة فيما يتعلق خصوصا بالنضال الحقوقي،والنقابي ،ومحاولة سبر أغوار هذه المفاهيم التي تعددت تأويلات بحسب تعدد المذاهب الفكرية وتباين أهدافها ووظائفها الإيديولوجية، ولذلك كان لزاما علينا ان نحدد نسق التحليل العلمي والمنهج الفكري الثوري ،وبناء جزء من الصرح الفكر الخاص بالمفاهيم الحقوقية وهذا البعد الحقوقي، لكي تكتمل أجزائه الأخرى بالابعاد القانونية والسياسية

إن بناء الصرح الفكري ،المتكامل،والمبني على المفاهيم الثورية ,كدعامات علمية، وبراهين ,يستمد شرعيته من التحليل العلمي

،الذي ينتج خطابا واعيا مطابقا للشروط التاريخية الملحة على تقوية المشروع الوطني والسير في نهجه،ويستمد قوته أو حدة طرحه من الصراحة الثورية ،ولذلك يسير هذا الفكر في الإطار العام لفكر الجبهة الشعبية لتحرير الساڨية الحمراء وواد الذهب ،ورغم كونه مجموعة الآراء السياسية او القانونية الشخصية باعتبار موضوع

البحث يتمحور حول فكرة الفصل بين الحقوقي والثوري،وبين النقابي والثوري، وبما أن هذا النقاش جديد على الساحة الوطنية ,رغم انه معروفا عالميا من سبعينيات القرن الماضي، فسيكون من أولوياتنا تحديد منهاج بحثنا،بحسب مرجعيتنا وفكرنا التحرري،وفي ممارسة نقدية،لمرجعيات الهيمنة كون هذه النظرة ستصارع الوظائف الإيديولوجية و الفكر التأملي،وإبرازها وظائفها الإيديولوجية وخطرها كفكر يشرع الهيمنة،ويكرس واقعها،ويشوه الوعي الجماعي ويشل قدرة الجماهير على المقاومة، وبالمقابل نصبو إلى نقل الوعي الحقيقي إلى إدراك القراء ليكون عملنا مساهمة،في العملية التحررية،مساهمة في النضال،وليست فقط وصفا لهذا الفعل الثوري،وهذا سيؤدي بنا غالبا إلى

تأسيس المنهاج العلمي ومجموعة المفاهيم التي ستكون العمود الفقري لهذا النسق،والتي سنعمد إلى تكرارها غالبا،قصد بناء هذا الصرح الفكري الوطني الذي يستمد شرعيته من علميته ،ومن التعبير عن حقوق الشعب الصحراوي المكافح.

وانطلاقا ،من وعينا أنه لا يمكن للحركة رفع مستوى النضال عند الأطر أو عند العامة إلا من خلال توجيه النضالات اليومية

بالبرامج السياسية ، والتعبير عنها بالخطاب السياسي نفسه.

هناك فرق شاسع، بل تعارض بين ما يخص المهام الروتينية للتنظيم السياسي في رفع مستوى الوعي والنضال، عند أطر الجبهة الشعبية لتحرير الساڤية الحمراء وواد الذهب،وعند عامة الشعب الصحراوي باعتماد الخطاب السياسي العلمي ، وبين محاولة الشئ نفسه باعتماد مفاهيم حقوق الإنسان ،وذلك راجع إلى تعارض الوظائف الإيديولوجية لمفهوم حقوق الإنسان كمفهوم للفكر البرجوازي الرأسمالي وبين خطاب الجبهة الشعبية كخطاب ثوري تحرري,وحقوق الإنسان التي نؤمن بها ونمارسها انطلاقا من رؤية ،علمية،نقدية تقدمية،وبمفاهيم بديلة لمفاهيم الهيمنة الإمبريالية .

ولذلك كنا دائما حينما نشير إلى مسألة حقوق الإنسان،نبدي رأيا مغايرا للمفهوم الليبرالي الشمولي الجديد، ونركز على العمل النضالي ،وفقط بالقول:

بتوجيه النضال الحقوقي والنقابي لكي يكون نضالا سياسيا، ومعنى ذلك توجيه كل أشكال الصيغ النضالية والاحتجاجية لأن تكون ضد الإحتلال أي تأخذ صبغة وجوهر النضال السياسي ، لأن كون النضال الحقوقي والنقابي يصبو إلى تحقيق ملفات مطلبية في

ظل إدارة الإحتلال المفروضة عليه بالقوة يصبح تشريعا للاحتلال ,أكثر مما هو مساهمة في عملية التحرير.

وهذا القول صحيح عمليا كقاعدة اساسية في عملية الفعل النضالي الثوري رغم أنه يفتقد إلى تفسير أسباب هذا التعارض, والمتعلقة أساسا بالوظائف الإيديولوجية التي من أجلها أوجد المفهوم في حد ذاته ,،والذي يصفه الفكر الإمبريالي، بأنه تعبير عن الحركة العامة للمجتمع، وفي الحقيقة هو تعبير سياسي عن مصالح الطبقات المهيمنة، ولا يخرج عن القاعدة العامة التي تقول،بأن مفاهيم الحقوق،ومبادئ القانون لا تعدو كونها تعبيرا سياسيا عن مصالح منتجيها

أنتج الفكر الرأسمالي مفهوم حقوق الإنسان الفرد الأناني ليقدس من خلاله الحرية الفردية ،وحق الملكية،بناء على فلسفة جان جاك روسو, وريث فكر هوبز, في مدرسة الحقوق الطبيعية،وكان المضمون الإيديولوجي لهذا الأساس المعرفي الميثالي ،هو اعتبار الحق الطبيعي للإنسان ،خارج السياق التاريخي والاجتماعي لهذا الإنسان ،أي بعيدا عن التعبير عن صراع الإنسان ضد الطبيعة من جهة ، وضد الإنسان من جهة أخرى،وهي الأسس المكونة

للمضمون الاجتماعي للعملية التاريخية وهو ما يعني التركيز على الإنسان الفرد الأناني بدل الإنسان الاجتماعي وهو بخلاصة أخرى التركيز على حق الإنسان مجرد من دوره التاريخي :أي مفهوم حقوق الإنسان الفرد الأناني.

ولان الحق يجب ان يعبر عن الإنسان الإجتماعي ,ودوره في العملية التاريخية ،فلا وجود للحقوق خارج هذا التصور،لأن تقديس حق الملكية هو حق الشخص في التمتع بما يملك من غير الإكثرات للأخرين،وحق حرية الإنسان التي تنتهي عند حدود حرية الآخرين هو حق إهمال الآخرين ولهذا يسمى هذا المفهوم :مفهوم حقوق الإنسان الأناني الفرد

يعتبر مفهوم حقوق الإنسان الفرد الأناني ,أحد أعظم المفاهيم الفكرية الرأسمالية في دعم النظام الرأسمالي وتكريسه . ويكتسب هذه الأهمية لكونه أداة للتوافق الطبقي يلطف صراع الطبقات ويحافظ على جوهر هذا الصراع أي يحافظ على ظلم الطبقات المسيطر عليها، و تتسنى له هذه الوظيفة الإيديولوجية الهائلة،لأن الفكر البرجوازي قدمه للمجتمع كمفهوم أخلاقي شامل لكل المجتمع،تماما كمفهوم الدولة مع اختلاف وسائل القمع والكبت بينهما،في الدولة

تستعمل القوة الفيزيائية :الشرطة، والدرك،والجيش لقمع الطبقات التي يمكن أن تثور ضد النظام القائم والذي يسمونه النظام العام وهو ليس كذلك، باعتباره يمثل فقط نظام الطبقة المسيطرة او التحالف الطبقي المسيطر للإبقاء على النظام الاقتصادي القائم ,أي على علاقات الإنتاج الظالمة

بينما مفهوم حقوق الإنسان الفرد الأناني أو ما يسمى القانون الدولي لحقوق الإنسان :يستعمل مجموعة من المفاهيم الأخلاقية والحقوق النسبية ،لتحقيق هذه الوظيفة الإيديولوجية المتمثلة في خلق سقف عام لنضال النزعة التحريفية ، التي تتبناه وتدافع عنه ومن خلاله تكبت نضال المجتمع،هذا السقف العام هو ما يقيد الفعل الثوري،لأنه يضع التحريفين في مواجهة الثوار الحقيقيين. .

وكان هذا المفهوم من أبرز المفاهيم التي اعتمدتها الرأسمالية من أجل عولمة قوانينها والانتقال الى نظام: عالمي شامل وفي نفس الوقت ظالم،بنفس الكفاءة التي كان هذا المفهوم يخدم بها الطبقات الرأسمالية المسيطرة كان يقضي على الطبقات المسيطر عليها, والشعوب التواقة للحرية ويحطم كل يوم امالها في التحرر.

ولسنا محتاجين إلى تقديم براهين وحجج على صحة هذا القول ولكن

لا بأس أن نطرح السؤال عن امكانية المساواة بين العامل المضطر إلى العمل من اجل ان يعيش وبين صاحب المعمل؟ أو ما معنى حرية التعبير إذا كنت لا املك وسائل الإتصال والدعاية لكي أوصل صوتي إلى المجتمع ؟ بل ما معنى أن ارافع ضد عدوي في هيئة اممية هو نفسه من يسيطر عليها.؟ وهلم جرا......

ان خطر مفهوم حقوق الإنسان كمفهوم راسمالي شمولي واداة للتوافق الطبقي،ليس فقط مجال وظائفه الإيديولوجية،واستعمالها الواسع من طرف الرأسمالية الجديدة في السيطرة على المجتمع ،بل خطر هذا المفهوم في السيطرة على ثروات الشعوب الضعيفة وخصوصا الشعوب المحتلة والمستعمرة،وذلك عبر مفاهيم إقتصادية منبثقة عنه (أي عن مفهوم حقوق الإنسان) تكون الأساس الفكري للأجندات الإقتصادية أجندة 21 ريو دي جانيرو 1992 ,او أجندة 2030 ل نيويورك 2015 وهي أجندات اقتصادية اممية :تتكون من مجموعة من الأهداف: سبعة عشر هدف ،مثلا في حالة أجندة 2030 تأمل الأمم المتحدة تحقيقها قبل سنة 2030 ومن هنا إسم الاجندة،والخطير في الأمر أن هذه الأجندة لا تفرق بين الشعوب المستعمرة والمحتلة،والمستقلة،وبذلك تتعارض مع مفهوم آخر :تقرير

المصير ،وهذا التعارض ليس عبثيا لأنه في الأصل تعارض مؤسس على تعارض الوظائف الإيديولوجية لكل من المفهومين أو بين فكرين ،بين،خطابين،بين الفكر الرأسمالي لحقوق الإنسان الأناني الفرد،وبين مرجعية حقوق الشعب من خلال مفاهيم مثل مفهوم تقرير المصير ومفهوم السيادة،وهذا الإختلاف نشب حوله جدال قوي في منتصف القرن الماضي بين الفلسفة التقدمية المعبرة عن حاجات الشعوب للتحرر, وبين الفلسفات ,المثالية ,المحافظة, التي تعارض هذا التحرر, وعلى هذا الأساس الإيديولوجي نشب الخلاف في اروقة الامم المتحدة بين الدول المستعمرة:رائدة مفهوم حقوق الإنسان الفرد الاناني ،وبين الدول المناهضة للاستعمار صاحبة مرجعية حق الشعوب في تقرير مصيرها وفي الإستقلال وفي السيادة على أراضيها وثرواتها الطبيعية،واحتدم الجدال حول تأويل مفهوم تقرير المصير وتم رفع الإشكالية إلى الجمعية العامة للأمم المتحدة من أجل تفسير مبدأ حق تقرير المصير ،والجمعية العامة بدورها لم تحسم الامر, بل ادخلت ما يسمى بالمضامين الحقوقية أي الحقوق الاقتصادية والثقافية والسياسية،والتي بدورها يتم انتهاكها من طرف الأجندات الإقتصادية.

لأن التحرر الحقيقي يتطلب المساواة بين شعوب الأرض بينما تقوم التصنيفات على الأصل ،واللغة،والمستوى الثقافي،والتقدم التكنولوجي والسياسي وهذه الأوصاف لا يمكن أن تكون مبررات لعدم المساواة بين الأمم والشعوب التي يجب أن تتمتع بنفس الحقوق .و كأمثلة على ماقلناه مسألة اللغات المعتمدة في هيئات الأمم المتحدة ،في مجلس حقوق الإنسان مثلا :الإنجليزية،والفرنسية، ومسألة حق الفيتو ....وهلم جرا.ة

ما نريد أن نشير إليه هنا هو أن الصراع الإيديولوجي لم يحسم بعد وربما لن يحسم وما دام الأمر كذلك فالوضوح الإيديولوجي ليس فقط ضرورة لإنتاج الخطاب السياسي الذي لا ينزلق إلى مواقع الفكر النقيض, بل لقطع الطريق أمام الفكر التحريفي الذي نقع فيه بسبب وعينا الزائف او بسبب فكرنا البركماتي والإقتصادي.

أي السقوط في الفكر التحريفي بسبب الجهل،أو ممارسة التحريفية بسبب الخيانة للمشروع الوطني وفي الحالتين يعد السقوط في التحريفية اصطفافا مع العدو على كل المستويات،وأخطرها الإصطفاف اللا واعي والتحريفية هي كل القوى والتنظيمات (الأحزاب السياسية،الجمعيات، والمجموعات)، التي تعتبر نفسها

وطنية وهي تنزلق إلى مواقع الفكر النقيض.

والخطر الحقيقي لمفهوم حقوق الإنسان الأناني الفرد،أن التحريفية: تحاول أن تجعل منه سقفا عاما للنضال، ومرجعية للتقييم،وأصبحت بذلك تقييم كل العملية السياسية للمشروع الوطني على ضوء المرجعية الإمبريالية التي هي حقوق الإنسان: أي قياس الحركة الوطنية بمرجعية الفكر النقيض.

هذه المقاربة الخطيرة سببت غزو دول واحتلالها ونهب خيراتها، فقط بدعوى احترام حقوق الإنسان الأناني الفرد أي بدعوى احترام حقوق الإنسان والديمقراطية كمضمون إيديولوجي رأسمالي وهو ما حدث في العراق وسوريا ويحدث الآن في ليبيا وهلم جرا.

استعملت المملكة المغربية مسألة حقوق الإنسان ، لتأبيد الإحتلال في للصحراء الغربية من خلال إخراج مفهوم حقوق الإنسان من سياقه الحقيقي،حيت المطلب الحقيقي للشعب الصحراوي هو حقه في التحرر ،والسيادة ,

ومحاولة حصر الملف المطلبي الحقوقي في الحقوق التي تنص عليها معاهدة العهدين الأول والثاني والتي تشكل ما أسميناه :مفهوم حقوق الإنسان الأناني الفرد أو ما تسميه الليبرالية :القانون الدولي

لحقوق الإنسان ،في محاولة منها لجعله كونيا حتى تتسنى له هذه الوظيفة الأيديولوجية التي هي تأبيد سيطرت الليبرالية القائمة على الإستعمار والإحتلال والظلم........

إن تحليل واقعنا الإجتماعي الخاص بالمناطق المحتلة،فيما يتعلق بالنضال الحقوقي ،وفق مفهوم حقوق الإنسان الفرد الأناني ،يطرح اسئلة ملحة فيما يتعلق: بحق السيادة،المكفول للشعب الصحراوي ،والذي ينبع منه حق الشعب الصحراوي المقدس،في تقرير مصيره وفي الإستقلال ،ومشكل الوعي الزائف لدى رواد التحريفية، أنهم إما ينكرون هذه العلاقة القائمة بين سيادة الشعوب الأصلية على أوطانها،وبين حقها في تقرير المصير،وإما انهم لا يفهمون هذه العلاقة أصلا, باعتبار وعيهم الزائف حول الواقع الإجتماعي.

صحيح أن المغرب وقع على اتفاقيات العهدين سنة 1979 ،ولكن تطبيقها لا يتجاوز حدود أراضيه المعترف له بها دوليا،إلا أن المغرب يطبقها بشكل لا شرعي على المناطق المحتلة من الصحراء الغربية كجزء من عملية الضم بالقوة،في انتهاك صارخ لمبدأ السيادة،وانطلاقا من هذا أنتج الإحتلال المغربي،مفهوم الأمر الواقع ،وعممه على خطابه في سياسته الخارجية وفي الداخل،بحيث

يتكلم خارجيا عن الحل الواقعي ،والخطير في الأمر أن التحريفية تتدرع بهذا المفهوم، فما تكاد تناقش أحدا من روادها حتى يطرح الأمر الواقع كسقف لا يمكن تجاوزه.

إن التواطؤ الدولي في إطار النظام الليبرالي الجديد، والسكوت نسبيا عن المغرب وعن ضمه الغير المشروع للأراضي المحتلة من الصحراء الغربية قد وجد متكئاً في مجمل النضال الحقوقي في المنطقة المحتلة والذي يقوم على معاهدات دولية (لا تطبق إلا على الأراضي السيادية المعترف بها دوليا) تنتهك مبدأ سيادة الشعب الصحراوي على أرضه ،وخاصة ما يتعلق :بالمناضلين الصحراويين ,المنتمين للهيئات المغربية،كالمجلس الاستشاري المغربي لحقوق الإنسان،أو المنتمين للجمعيات المغربية ،وفروعها الغير شرعية في الصحراء الغربية ،ومحتوى التقارير التي تصدر عنها والتي لا تفرق بين المناطق المحتلة من الصحراء الغربية والمملكة المغربية وهو انتهاك صارخ للقانون الدولي والقانون الدولي الإنساني وخاصة مبدأ السيادة والتعارض مع الوضع القانوني للأراضي المحتلة من الجمهورية العربية الصحراوية الديمقراطية،ومن أراد أن يتأكد مما اقول فليراجع تقرير الإدارة الأمريكية لشهر ماي

سنة 2016 وما كتب فيه على لسان مناضلينا ،طبعا ليس هدفنا هنا النقص من قيمة مناضلينا الأشاوس ومن نضالا تهم البطولية وتحملهم تحت الة القمع الممنهج المغربية ،ولكن هدفنا أن نبين خطأ الوسيلة لا سوء النية ،معاذ الله.

لا شك أنه ،ليس في العالم مدافع واحد عن حقوق الإنسان محكوم بالإعدام:وسبب هذا القول أن قوة الإحتلال المغربي لديها اعتبارين للمناضلين الصحراويين حسب حاجتها إليهم فحينما تحتاج سلطة الإحتلال الى تشريع احتلالها ،تعتبرهم مدافعين عن حقوق الإنسان ،وتستعمل شكاياتهم في محاكمها،وملفاتهم المطلبية في تقاريرها ،وتصفهم بالمغاربة.

وحينما يصلون إلى محاكمها ,وغالبا ما يكون بعد عمليات نضالية باسلة ، تصفهم بـ الانفصاليين، وتحاكمهم كثوار، فتحكم عليهم بالإعدام والمؤبد، والأحكام بمدد طويلة وهلم جرا.........

لا اريد ان اتمادى في إعطاء الأمثلة وشرح خطط الإحتلال، ولكن اريد ان اذكر ان مسألة الوعي الحقيقي للواقع الإجتماعي ،والشروط التاريخية التي تتكون اليوم ،في مناطقنا المحتلة ، وتتجلى في الأزمة الإقتصادية والسياسية, التي تعصف بالمغرب من جهة،وفي

رفض شعبي صحراوي لكل مظاهر الاحتلال، تعبيرا عن تمسك الصحراويين بهويتهم ورفضهم للإبتلاع ، ،والتي ستبرز فيها التناقضات الاجتماعية بحدة ،بعد هذه الأزمة كوفيد 19 ;، التي تعصف من جهة بالنظام الملكي المستبد في المغرب،وتضعف من جهة اخرى الموقف الفرنسي على المستوى الأوروبي، وهذا واضح في عدم تنسيق مجابهة الأزمة بشكل موحد على مستوى اوربا ،وعدم مساعدة بعضها البعض،ودخول الدول العظمى في حرب باردة حول ريادة النظام العالمي الجديد،الذي نعتقد أنه ,ربما في بداية تكونه، هذه الشروط الذاتية والموضوعية الجديدة يجب أن تكون محل اهتمامنا، فمن المحتمل جدا أن نكون على عتبة تحولات جذرية على المستوى العالمي ستمس لا شك شكل العلاقات الدولية الحالي، وربما تغير بعضها او اهما ،لدى علينا ان نصاحبها بالدراسة الواقعية وخلق وعي علمي ودقيق بالواقع يتطابق مع الشروط التاريخية التي نعتقد أنها ستشكل فرصة ذهبية،للانطلاق في الفعل الثوري الذي تكونت شروطه مجددا بشكل طبيعي ،وقطع الطريق على التحريفية،التي تجر مشروع توسعي استعماري،شامل تحت عنوان السلام، وحقوق الإنسان،تضرب من خلاله حق تقرير مصير الشعب الصحراوي ،وحق حماية الشعب الصحراوي،حق

المقاومة،وحق السيادة،والسلام لا يتحقق إلا بعد العدل.

بعدما تكشف لنا من خلال هذا النسق العلمي،كشفنا زيف ادعاء ،شمولية مفهوم حقوق الإنسان ،وجعلنا من وظيفته الإيديولوجية ،نقطة محورية للبحث،وتيسر لنا هذا إنطلاقا من تفكير نقدي ورؤية تحررية ،لولاهما ما كان في استطاعتنا كشفه،وتتوقف كل هذه العملية على الإلتزام الصارم بمبدأ التحليل العلمي ،ولأنه لا يمكن للنشاط النظري،أن يصبح فكرا نضاليا إلا إذا التزم بالتحليل الدقيق،لواقع المشروع الوطني، في شروطه التاريخية الخاصة ،وضمن العلاقة الجدلية التي تحتم أن تكون هذه الرؤية التحررية، أساس فكرنا الثوري وان تقوم الثورة على الفكر العلمي نفسه، وتكرار المفاهيم المعبرة عن الظلم الحقيقي الذي يمارسه الاحتلال على المجتمع ومن هنا نكون ملزمين ليس فقط بالإبتعاد عن المفاهيم العامة، والبديهيات المضللة،بل مدعوون إلى نقدها، ومصارعتها،لأن الصراع ،المحرك للواقع الاجتماعي لا بد أن يجد في هذا الفكر التحرري مفاهيم محددة للتعبير عنه وتوجيه قوى التحرر داخله ،لكي تلعب النظرية الثورية دورها في الصراع الفكري ،وإبراز التناقض،وليس التوافق الفكري على أسس إيديولوجية سالبة،

كما يرغب بذلك الفكر الليبيرالي وعبره فكر الإحتلال لتأبيد احتلاله.

والقصد من القول ،أنه حينما يحصل التوافق،والتقاطع بين فكر الشعب المحتل،والسلطة المحتلة ،(مثلا إتفاق السلطة والمناضلين على لائحة الحقوق أو الملفات المطلبية، وطريقة الوصول إليها ،والاتفاق على طريقة إجراءات شكايات التظلم......) إنما يرمز ذلك إلى انخفاض مستوى النضال على المستويين الفكري وفي الممارسة الميدانية، تأكيدا للعلاقة الجدلية بينهما .

إن الفكر النقيض والفكر التحريفي على السواء ،ينطلقان من العبارات العامة و البداهات الغير مبرهنة ويجعل من الفردية والذاتية مركزا للتفكير ويتجاهل لتحليل العلمي للواقع الإجتماعي،لأنه ليس معنيا بكشف أحكامه وقوانينه، بقدر ما يهدف إلى إشاعة الغموض حوله ،وهي الوظيفة الإيديولوجية العامة للفكر المسيطر،ولا يستثنى من هذا ،مفاهيم حقوق الإنسان الليبرالي.ولنا في الأجندات الإقتصادية ،مثلا من حيث امتثاله لهذه القاعدة العامة للفكر المسيطر، وكفاءته العالية في نهب ثروات الشعوب المحتلة والمستعمرة،وإقصاء هذه الشعوب في نفس الوقت من تنمية نفسها ،وتكريس واقعها المتخلف.

إن القانون الدولي لحقوق الإنسان،كمعاهدات والتزامات دولية،وقعها المغرب،ضمن التزاماته الدولية الخاصة بأراضيه السيادية ويطبقه بشكل لا شرعي، على الأراضي المحتلة من الصحراء الغربية،هو نفسه القانون:الذي يؤطر اجندات التنمية المستدامة وبشكل عام يؤطر الحقوق السياسية والمدنية،وكذلك الحقوق الاقتصادية ،والثقافية.

وسنأخذ على سبيل المثل :اجندة الفين وثلاثين للتنمية المستدامة، الموقعة من طرف الدول المشاركة ،في مؤتمر نيويورك سنة 2015 ،وبعض الدول ،وقعتها بعد ذلك كالمغرب مثلا وقعها سنة الفين وسبعة عشر.

إن الذين صاغوا ديباجة إعلان ،أجندة الفين وثلاثين للتنمية المستدامة،تماثلوا في ديباجتها الإعلان العام للشعوب المستعمرة والغير متمتعة بالحكم الذاتي، وحقها في تقرير المصير والإستقلال،والقائل :إن الحاجة الملحة على المجتمع الدولي ،من أجل إنهاء الاستعمار في كل بقاع العالم وتحت كل أشكاله،ألهمت هذا الإعلان.

ويقول إعلان الأجندة :ان الحاجة الملحة على المجتمع الدولي من

أجل إنهاء المجاعة في كل ربوع العالم ،ألهمت هذا الإعلان.

هذا التشابه الكلي في الإعلان عن حق الشعوب في تقرير مصيرها،والإعلان عن اجندة الفين وثلاثين للتنمية المستدامة ،يقابله تعارض كلي بين أهداف المفهومين:فإذا كان إعلان تقرير المصير قد نتج عنه إستقلال مجموعة من الشعوب وانعتاقها،فإن أجندة ألفين وثلاثين تقصي شعوب سبعة عشر إقليما على الأقل (الشعوب التي تنتظر دورها في تقرير المصير والإستقلال) من حقها في التنمية، بل عمدت هذه الأجندة إلى نهب ثرواتها،وتجويعهم،والتأثير على قدرة أجيالها المستقبلية ،في ضمان اكتفائها الإقتصادي.

إن هذه الأجندة لا تفرق بين ثروات الشعوب المستعمرة ولا المستقلة،وتقصي من التنمية سبعة عشرة شعبا،تتواطأ مع الدول المستعمِرة ومع قوى الإحتلال في نهب ثروات الشعوب.

وهذه كلها اسباب،تهدينا إلى القول بأن هذه الأجندات تنتهك القانون الدولي فيما يخص مبدأ سيادة الشعوب على أرضها،والحفاظ على وضعها القانوني المعبر عنه في القرار الأممي 2625 وسيادة الشعوب على ثرواتها ،ومصادرها الطبيعية المعبر عنها كذلك في محتوى القرار الأممي 1803 لسنة 1962.

نحن الصحراويين كباقي شعوب العالم لا نعارض الأجندات في مضمونها التنموي ولا في أهدافها البيئية،بل ما نعارضه حقا هو إقصاءنا منها كشعب وكيان:يعني نريد ان نشارك في التنمية،وتحقيق أهدافها على أرضنا بوصفنا صحراويين وليس كمغاربة لان الصحراء الغربية تتمتع بوضع قانوني ،منفصل ومنعزل عن كل قوى الإحتلال والإستعمار ،وشعبها يكافح من أجل ممارسة حقه المشروع في إنهاء الهيمنة الإستعمارية على أرضه.

إن عملية تمديد المغرب، لاتفاقيات، والتزاماته الدولية على الأراضي المحتلة من الجمهورية العربية الصحراوية إنما هو محاولة فاشلة لتطبيق القانون المغربي عليها، وزعم السيادة عليها، وهذا يعد خرقا سافرا للقانون الدولي العام وخصوصا، شقه:القانون الدولي الإنسان، الذي يؤطر حالتي الاحتلال والحرب،هذا القانون يجرم عمليات الاستيطان التي ينتهجها المغرب مند سنة 1975 لتغيير المعطيات الديمغرافية على الأرض ،وتذويب الساكنة الأصلية صاحبة السيادة وسط جموع المستوطنين المستقدمين من المغرب بشكل يخرق قواعد القانون الدولي الإنساني.

ولو عرجنا على توقيع سبع جمعيات للمستوطنين المغاربة على بيان

،قيل أنه يتجاوب مع الدعوة التي أطلقتها ما يسمى:(حركة صحراويين من أجل السلام)،والتي حسب زعمهم تهدف إلى الرفع ،من مستوى الحقوق السياسية،والإقتصادية والثقافية وهي نفسها الحقوق المندرجة في اتفاقيات العهدين ،التي قلنا عنها سابقا، أن المغرب يطبقها على الأراضي المحتلة بشكل غير شرعي لأنها أراض غير سيادية.وهي نفس الوقت, مجموع الحقوق المكونة لمفهوم حقوق الإنسان الفرد الأناني، والذي برهنا في مقدمة هذا المبحث،أن وظيفته الإيديولوجية تتعارض مع فكرنا التحرري باعتباره أداة لتكريس واقع الإحتلال والإستعمار،واداة للتوافق والحفاظ على جوهر الصراع بين الظالم والمظلوم،إلا أن الجديد في هذا الأمر، ليس فقط السذاجة أو الخيانة التي تعاملت بها(حركة) صحراويين من أجل السلام ،والتي تناضل في هذا الباب من أجل تطبيق القانون المغربي على الأراضي المحتلة من خلال تطبيق معاهداته والتزاماته الدولية عليها،إذن حركة (صحراويين من أجل السلام) لم تنزلق فقط إلى السذاجة و الخيانة، ولكنها انزلقت إلى عدم الشرعية باعترافها الضمني بتطبيق القانون المغربي على الأراضي المحتلة وهو موقف لم يسبقها إليه احد من العالمين، لأنه حتى أصدقاء المغرب لا يعترفون له بتطبيق قانونه على الأراضي المحتلة التي

قلنا أن مايؤطرها قانونيا هو القانون الدولي الإنساني.

تبعا لهذا الفهم والتحليل ،تنسلخ (حركة صحراويين من أجل السلام)،بإسمها النكرة ،عن أي شعار حملته او يمكن ان تحمله في المستقبل وتصبح مجرد اداة من أدوات الاحتلال المغربي التي يقضد منها تأبيد احتلاله.

ونحن هنا ،ومن خلال هذه النظرة العلمية لواقع المشروع الوطني،ومحاولة تفسير جملة من المعطيات الفكرية ،والممارسات المتغيرة باستمرار، وأهدافها المعلنة طورا والخفية أطوارا،إنما نبدي انشغالنا ،حول خطر هذا الفكر الليبيرالي الحقوقي الذي يلغي واقع الإحتلال،ويقفز على الوضع القانوني للأراضي المحتلة،ونبدي انشغالنا حول هذه الوظيفة الإيديولوجية لمفهوم حقوق الإنسان الفرد الأناني، كأداة للتوافق بين قوة الاحتلال والشعب المحتلة أرضه اي الهيمنة بذريعة حقوق الإنسان او بالاحرى الابتلاع بدون مقاومة،بما يعني تغييب الشروط التاريخية الملحة على الثورة والتغيير،وإحلال محلها :ملفات حقوق الأفراد المنتهية دون سقف الإستقلال والتحرر،وما يشكله هذا المفهوم من خطر ،على حاضر ومستقبل المشروع الوطني،واسمى ما نؤمن به من الحقوق هو حق شعبنا في

الحرية والإستقلال.

كمثقفين صحراويين مناهضين للظلم والاحتلال تنبع دوافعنا اللازمة لفضح ،هذا السكوت عن إنتهاك القانون الدولي و التواطؤ الدولي مع الإحتلال المغربي الذي يحاول انجاز جملة من أهداف التنمية المستدامة، مثلا على أراضينا المحتلة ،والتقرير عنها كأراض مغربية، مما يشكل خرقا سافرا للوضع القانوني للصحراء الغربية ،المعبر عنه في كل قرارات الأمم المتحدة ذات الصلة بالموضوع،والرأي الاستشاري لمحكمة العدل الدولية،ومحكمة العدل الأوروبية،ودراسة مركز بحوث البرلمان الألماني،والقانون التأسيسي للإتحاد الإفريقي ,والميثاق الإفريقي لحقوق الإنسان والشعوب وهلم جرا.....

من أجل القيام بهذه المهام، وهذا النضال الفكري،والدفاع عن الحقوق انطلاقا من رؤية تحررية مقاومة واضحة،لا بد من مراجعة فكرية شاملة،ستشكل في الحقيقة نقدا لأغلب ما ينشر من مقالات ،في الصحافة اليومية والمجلات والمواقع المهمة من مجموع مواقع التواصل الإجتماعي،وتتعدى كل هذا الى ردع مخططات الفكر التوسعي المسلطة ضد المشروع الوطني،ولبلوغ هذه المهمة

الكفاحية،والنضال الفكري المستمر ،لا بد أولا من بناء واعتماد،النسق الفكري،العلمي الوطني،القوي،وتحديد مفاهيمه،وتداولها في إنتاج فكري مستمر ،وإيصال هذا الإنتاج الى القاعدة بالصورة والشكل الذي يمكنها من التجاوب معه،وإلا بقي محدودا وعديم الجدوى،ولا بد من الصبر على تداوله في نقاش وطني مفتوح ومسؤول،ومن خلاله صيانة الثوابت الوطنية،وخلق الآراء السياسية التي ترفع مستوى الوعي عند المناضلين،مما ينتج عنه خلق صيغ النضال والمقاومة وتحصين الفكر والممارسة من التحريف والانزلاق إلى مواقع الفكر النقيض.

بعد تحديد الوظائف الإيديولوجية لمفهوم حقوق الإنسان،وتقديم البراهين والحجج من مثل أجندات التنمية المستدامة والتي ركزنا على عدم شرعية إنجاز أهدافها، على الأراضي المحتلة،واستثناء الصحراويين كشعب وكيان من برنامج التنمية العالمي،والذي يستثني سكان سبعة عشر إقليما لم يمارسوا بعد حقهم في تقرير المصير والإستقلال،كان لا بد أن نبحث، في خطة الإحتلال المغربي الخاصة،والدور الذي يلعبه فيها :مفهوم حقوق الإنسان ،وليس

بالطريقة المباشرة، التي تعرض له بها،الكاتبان،نيكولا روجيني ونيف غوردون، في كتابهما: الهيمنة بذريعة حقوق الإنسان ،وهو نفس التوجه ،الذي جعلنا نتشارك معهم نفس السؤال المحوري:

هل النضال في المناطق المحتلة،وفي حالة اعتباره مؤطرا بالقانون الدولي لحقوق الإنسان(وفقط في حالة اعتباره مؤطرا بالقانون الدولي لحقوق الإنسان)،هو نضال من أجل الإصلاح القانوني للاحتلال،أم نضال من اجل تدمير الإحتلال نفسه؟؟؟؟

إن منهجيتنا العلمية ،تنطلق ،من الواقع الموضوعي على أنه اولي ى،وتحدد خصائصه من خلال تفاعل الإدراك الذاتي معه،باعتبار الواقع الموضوعي الذي أصبح تجربة تاريخية ،يمكن التعامل معه على مستوى البحث العلمي،وهذا يمكننا ليس فقط من انتاج مفاهيمنا الخاصة بنا،بل كذلك تداولها من وجهة نظر تقدمية،تحررية وبديلة لمفاهيم الهيمنة

حينما قارنا،الوظيفة الإيديولوجية لمفهوم حقوق الإنسان،بوظيفة الدولة،وخلصنا إلى أن كل منهما أداة لتوافق الصراع الطبقي وتلطيفه ,مع الحفاظ على جوهر هذا الصراع وربطنا الوظيفة الإيديولوجية

لمفهوم حقوق الإنسان بتكريس هيمنة الإحتلال والإستعمار , وارجعنا

ذلك لكونه مفهوم عملت الليبرالية على ان تقدمه, كمفهوم شامل وكوني مما يمكنه ،من ان يكون كذلك اداة لتلطيف او تحريف الصراع ،بين الاحتلال والشعب المحتلة أرضه ،ولعل قول امين سر حركة فتح الأخ صائب عريقات:بأن الولايات المتحدة الأمريكية واسرائيل،تحاولان جعل ,من القضية الفلسطينية قضية إنسانية،وإخراجها من مغزاها السياسي. لهو أكبر دليل على ما نقول :فيما يخص الوظيفة الإيديولوجية لمفهوم حقوق الإنسان ،ومحاولات الاحتلال المغربي ، أن يجعل المناضلين الصحراويين،يناضلون من اجل ملفات مطلبية حقوقية، بينما الغاية الأصلية للنضال في الصحراء الغربية :هي تحرير الأرض.

يبدو ا،في هذه الحالة آن مفهوم حقوق، الإنسان يحرف النضال ،عن اهداف التحرر إلى إصلاح قانون الإحتلال،أي تحوُّل حقوق الإنسان إلى اداة للهيمنة،فعلا يشكل هذا احراجا كبيرا ,لكل من ناضلوا سنوات طوال في هذا المسعى التحريفي بدون ان يكونوا واعين بهذه الوظيفة الإيديولوجية لهذا المفهوم ،والتي قلنا انها اداة لتوافق الصراع مع الحفاظ على جوهره ،اي الحفاظ على هيمنة المنتصرين.

تحريف وجهة ،وغاية النضال،وتحقيق للمناضلين ملفاتهم المطلبية تدريجيا من اجل صرفهم عن المهام الحقيقية للنضال يعتبر وظيفة تحريفية لمفهوم حقوق الإنسان أو ما يسمى القانون الدولي لحقوق الإنسان،وهي اتفاقيات والتزامات دولية مغربية وقعها المغرب سنة 1979 وتهم فقط اراضيه السيادية ،ويطبقها على الأراضي المحتلة من الصحراء الغربية في انتهاك صارخ للقانون الدولي، لأنه لا يملك السيادة عليها.من خلال ما اسلفنا تبدو الوظيفة التحريفية لمفهوم حقوق الإنسان جلية جدا، وتتقوى هذه الوظيفة بتجاوب المناضلين مع هذا المفهوم وتأطير نضالهم بقواعده خصوصا وانه يطبق بواسطة القانون المغربي على المناطق المحتلة أي مع إشاعة الوعي الزائف حول حقيقة المشروع الوطني,ومن هنا ينزلقون إلى مواقع الفكر النقيض ،فكر الاحتلال .

يبدو أن تفسير الوظيفة الإيديولوجية لمفهوم حقوق الإنسان :كأداة توافق للصراع الطبقي ,ومن خلال شموليتها ،كأداة لتكريس الإستعمار ،يصبح سهلا ،حينما نلاحض، ليس فقط إنتاج هذا المفهوم واستعمالاته، ولكن كذلك مجمل الحلول التوفيقية التي تعتمدها الليبرالية الجديدة من أجل تجاوز أزماتها.

وقبل أن نبدأ تحليل الواقع الاجتماعي،وتفسير الخطط والحلول لمعالجة الأزمات،نطرح السؤال التالي: مامعنى الأزمة؟ ما مضمونها السياسي والإقتصادي،والإجتماعي؟.

أولا: سنركز على الأزمة الإقتصادية،باعتبار البنية الإقتصادية هي البنية المحددة ،للبنية السياسية والإيديولوجية،فحينما تتكون الشروط الاجتماعية للأزمة المتمثلة في التنافر الأقصى بين مصالح الطبقة ،أو التحالف الطبقي المسيطر،ومصالح الطبقات المسيطر عليها،وينعكس هذا التنافر على علاقات الإنتاج الظالمة،وتفقد الطبقات المسيطر عليها، كل مصالحها، وهي القاعدة العريضة للمجتمع،حينها تفقد قدرتها على تأمين عيشها وفق النظام الاقتصادي القائم،وشكل علاقات الإنتاج ,و بفقدانها جل مصالحها حتى الصغيرة منها، والنسبية ، تصبح هذه الطبقة مجبرة على التغيير من أجل تأمين بقائها ،الذي يأتي هنا كضرورة للصيرورة التاريخية في مضمونها للتطور.

بتعبير سياسي، يصبح النظام القائم غير قادر على استيعاب التناقضات الإجتماعية ولا قادر على تأمين توافقها،(وتأمين توافق الصراع:هو في الحقيقة ليس سوى تأجيل الأزمة)،وبذلك يصبح

مؤهلا للسقوط والبحث عن علاقات اجتماعية أكثر عدلا،و نقول بأن وقوع الأزمة،هو بداية تكون الشروط الملحة الثورة لأنها في الحقيقة لا تنتج عن رغبة ذاتية، ولا عن وجهة نظر سياسية ،ولكنها شروط تاريخية ،محددة وملحة على التغيير ومضمونها ازمة :تدعو الى اعادة النظر في علاقات الإنتاج المجتمعي،وتنطلق الثورة،إذا صاحب هذه الأزمة وعي ذاتي حقيقي يطابق الواقع الإجتماعي ،كضرورة معرفية تنتج النظرية الثورية،كما يجب أن تتخلص هذه الذات الواعية من ضغط الواقع لكي تتمكن من تغييره.

(مثلا الوالي مصطفى السيد:لم يكن غنيا،يعني كان يخضع للضغط المادي للواقع على الأقل، لو أن الولي رحمة الله عليه لم يتخلص من الضغط المادي للواقع لكان قد بحث عن عمل يرضيه نسبيا وقد كان أكثر من مؤهل لذلك،ولكن لو فعل ذلك هل كان يفجر ثورة عشرين ماي؟ وهذا مانعنيه بتخلص الذات الواعية من ضغط الواقع!!!!)

يبدو ان النظام الليبرالي او الرأسمالي العالمي الذي يتطور كل مرة، بعد ازمة من أزماته المتعددة، على سبيل المثال ازمة التضخم لسنة 1929،او ازمة اسعار الفائدة لسنة 2008....

وازمات اخرى، تعكس كلها ان ان هذا النظام الذي تحاول الليبرالية أن تقنعنا بانه نظام شمولي وعالمي، هو في الحقيقة ليس كذلك، هو فقط نظام المسيطرين : سواء الدول المسيطرة اقتصاديا وبالتالي سياسيا او عن طريق الإستعمار والإحتلال المباشرين، او الطبقة، او التحالف الطبقي المسيطر وهو كذلك يسيطر على وسائل الإنتاج ويخضع المجتمع ككل لتوجيهاته. المهم, ان هذا النظام هو نظام الاقلية المسيطرة وليس شموليا ولا عالميا الا من حيث قدرته المادية على الاستبداد، وهنا مصدر علته لأنه يغيب اكثر من نصف المجتمع الانساني لذلك يسقط كل مرة، في ازمة لا يتجاوزها الا بالعودة للتلطيف, تلطيف الصراع وحتمي أن يقوده هذا التطور إلى أزمته الأخيرة، أي ان يصبح متجاوزا، لنرى مثلا: خطة روزفلت , عمل الرئيس الأمريكي روزفلت على حل الأزمة التي قلنا أنها أحد الشرطين لقيام الثورة،وخطته اعتمدت بالأساس: على رفع القدرة الشرائية للعمال، وخلق مناصب شغل ,.وخطة الحل لأزمة الفائدة في أوروبا،اعتمدت إلغاء اسعار الفائدة:وهي اسعار ليست لها قيمة من وجهة نظر الديالكتيك المادي ، إلا من حيث كونها جزء من القيمة المضافة من جهد العامل،واعتمدت كذلك دعم دول الشمال للجنوب مما يشبه نسبيا إعادة التوزيع، أي تلطيف الصراع يعني

خلق نوع من العدالة النسبية جدا، لتلطيف الصراع والحفاظ على جوهره قائما، يعني خفض مستوى الظلم بدرجة صغيرة جدا، والحفاظ في نفس الوقت على العلاقة القائمة بين الظالم والمظلوم، وبما ان طبيعة هذا النظام قائمة على الظلم فهي معرضة دائما للازمة في حالات ارتفاعه على جميع المستويات. وهو ما نسميه تكامل الشروط التاريخية للتغيير، او ما سماه مفكرين الفكر العلمي بتوافر الشروط التاريخية للثورة وانطلاقا من التجربة التاريخية الانسانية، نفهم ان التغيير وسقوط النظام القديم او نجاح الثورة وهي كلها مفاهيم تشير الى نفس العملية التاريخية تنتج لا محالة نظام جديد أكثر عدلا من سابقه ولكن ليس مثاليا ولا عدلا مطلقا لأن الكمال من جهة يمحو كل مفاهيم التوافق كمفهوم الدولة، وحقوق الانسان هلم جرا........ واجود هذه المفاهيم يعني بالضرورة وجود مسبباتها يعني ارتباطها بتلطيف مستوى الظلم أي بوجوده , لانه في غياب الصراع لا لزوم للدولة ولا لحقوق الانسان لان القانون والحقوق في الأخير ليس سوى تعبير سياسي عن هذا الصراع.

اعتقد ان هذا النقاش الذي يعتبر جزأ مما نود أن يكون مراجعة، فكرية، شاملة، وهادئة للمشروع الوطني, في هذه المرحلة

الدقيقة،والذي يهم بالخصوص المفاهيم السياسية والحقوقية،لا بد أن يبنى على أساس الثوابت الوطنية. يجب أن يكون جماهيريا ،وفي نفس الوقت نخبويا ،لان كل فئة ستفهمه بحسب موقعها وبحسب دورها المفترض فيه، ولذلك سيكون على الخاصة أن تتعامل معه على مستواه الفكري،والإيديولوجي

*المشكلة التي نعاني منها في هذا النقاش هي التبسيط ،المفرط للأفكار الذي يجعلها تفقد جزء من علميتها لان استبدال المفاهيم العلمية بعبارات عامة ،وسطحية ، تكون دائما عقيمة،واعتبار الافتراضات حقائق في وقت تفتقر فيه إلى أي اساس علمي هي كذلك عملية عقيمة:.

إن القانون الدولي الإنساني, قانون خاص يؤطر حالات الاحتلال العسكري والحرب ويجب أن يكون المرجعية الأساسية التأطير القانوني في الأراضي المحتلة من الصحراء الغربية،لأنه هو الذي يصف التواجد المغربي على الأراضي المحتلة كما يجب أن يوصف :إحتلال عسكري, لأن هذا من شأنه على الأقل إجهاض، مشروع الإحتلال ادعاء السيادة عبر،مفهوم الأمر الواقع، أما القانون الدولي لحقوق الإنسان :فهو محاولة مغربية فاشلة للدعاء هذه

السيادة.ويجب ان يكون تعاملنا معها وردنا عليها في المستوى،ولكن قبل ذلك نحن مدعوون إلى فهمها على مستوى خطة الإحتلال الشاملة ،وعلى مستوى جزئياتها التي تشكل بنائها الكلي

إن الرؤية السطحية التي نتكلم بها عن شكل التواجد المغربي العام على أرضنا وعن ضمه لها بالقوة،وتطبيق قانونه علينا وبناء النظام السياسي والنظم الحقوقية هي ما يجعلنا قاصرين فكريا عن فهم الوظائف الإيديولوجية ،لخطة الإحتلال الشاملة هذه، وهذه الخطة تهم تحويل المجتمع من جهة ،وتحول الإحتلال من جهة أخرى،هذه الرؤية السطحية التي تعبر عن الواقع بعبارات عامة،ولكنها لا تدرس الأجزاء المتفاعلة،إنما تسيئ إلى فهمنا للواقع ، ترسم اهداف محرفة،كالنضال من أجل الإصلاح القانوني للإحتلال تمثل الإستسلام أوالمهادنة لخطة الاحتلال الشاملة ,لممارسة احتلاله العميق،أو الإحتلال بالطريقة الناعمة، أي إحتلال يعترف بحقوقنا جميعها،اي حقوق الأفراد كما يصفها القانون الدولي لحقوق الإنسان،ولكنه في نفس الوقت ينكر علينا وجودنا كشعب وكيان اي يعترف بوجودنا كمغاربة،وينكر علينا هذا الوجود كصحراويين أي كشعب في إطارين سياسيين البوليساريو،والدولة الصحراوية وهذ هو

الوجود الحقيقي للشعب الصحراوي.. وهذا هو ما أشرنا إليه حينما قلنا أن حقوق الإنسان ليس لها وجود إلا من خلال تعبيرها عن صراع الإنسان مع الطبيعة أو مع الإنسان ،يعني تعبيرا سياسيا عن مصلحته كعضو في مجموعة معينة وليس فردا أنانيا.،ما رأيكم في المساواة الكاذبة،بين الاحتلال والشعب المحتلة أرضه ،إن الدعوة إلى المحافظة على المساواة بين الصحراويين والمغاربة إنما هي التحريفية بعينها.

وهنا لا يهمني هذا القول إلا من خلال كونه جزء من خطة الاحتلال الشاملة، المكونة،من الممارسة الإقتصادية،والنسق التعليمي،والغزو الثقافي ،والنظم الحقوقية، ونتائجها المأساوية ،على توجيه وعي مناضلينا في المناطق المحتلة وجعلهم يناضلون من أجل تطبيق القانون الدولي لحقوق الإنسان ،والذي يطبق بواسطة القانون المغربي وهو ما قلنا به سابقا عندما قلنا إن النضال الحقوقي إنما يهدف إلى تطبيق القانون المغربي على أحسن صورة وهذا يتعارض مع روح المقاومة الهادفة إلى طرد الإحتلال من ربوع الوطن, ويتنافى مع أهدافنا في الحرية والإستقلال.

وإن تصورنا السطحي،وتبسيطنا للأمور هو السبب في نكران أو

عدم فهم هذه الخطة التي أطلقت عليها شخصيا خطة الإحتلال العميق.

وهذا يعني،تحويل المجتمع حسب إرادة المحتل مما يعني عمله على تفسخ النظام المجتمعي الأصلي،والقاموس الأخلاقي الأصلي، والانقسام إلى طبقات، والانقسامات السياسية المبنية على الصراعات الأفقية كالإنتخابات ،و خلق ولاءات لأعضاء المجالس والبرلمان المغربي مبنية على البركڨماتية , ومنتمين إلى الأحزاب والهيئات والجمعيات المغربية، والفكر الاقتصادي، وكل هذا يشمل ايضا تحويل المجال الجغرافي الذي تتطور عليه هذه العلاقات ضمن خطة الاحتلال العميق.

سواء عن فعل التواجد، العسكري ،بناء المستوطنات،أو حتى تحقيق أهداف الأجندات الإقتصادية التي تتعارض مع مفهوم تقرير المصير ،وانتهاك السلم والأمن الدوليين،وانتهاك مبدأ السيادة والوضع القانوني للأراضي المحتلة المعبر عنه في القرار 2625 لسنة 1962

حينما نتكلم عن الإحتلال العميق، أو الأمر الواقع الذي تمارسه الدولة المغربية بشكل ممنهج لأهداف محددة ضمن سياساتها

التوسعية ، يجب ربطها بالإستراتيجية الشاملة التي يدبرها الإحتلال من خلال،

التطور الإجتماعي والسياسي والإقتصادي، والنظم الحقوقية للمناطق المحتلة تحت توجيه قانون الإحتلال،وهذه الخطة العميقة والشاملة التي انتهجها المغرب لخلق مايسمى بمفهوم الأمر الواقع والتي استعمل فيها مفاهيم أخلاقية وسياسة ،كمفهوم حقوق الإنسان، ومجمل ما وصلت إليه النظم والمؤسسات التشريعية،والاستفتاءات الشعبية المغربية، إنما هو تحويل للمجتمع الصحراوي ،وتحول لمظاهر الإحتلال من المسيطر بواسطة بواسطة القوة العسكرية ،بالإرهاب بالحديد والنار ،إلى اظافة المفاهيم الحقوقية كأدوات جديدة للسيطرة من خلال وظائفها الإيديولوجية،وخلق لها مجالا واسعا للانتشار بالاعتماد على الوعي الذاتي الزائف ،الذي يحرف مقاصد النضال.

أمثلة تطبيقية حول مفهوم حقوق الإنسان،بين التعارض مع القانون وتحديد الأولويات.

كتب هذا المثل بمناسبة اليوم العالمي لحقوق الطفل،فمثل هذه المحطات تعتبر دائما فرص سانحة لتصحيح المفاهيم ،والتحسيس.

عشرون نوفمبر ،حقوق الطفل !حقوق الإنسان!

أم تصحيح الإنحراف الأممي؟

ونحن قريبين من 20 نونبر ،اليوم العالمي لحقوق الطفل جزء هام وهائل من حقوق الإنسان ،تلك التي نؤمن بها،أي حقوق الإنسان من وجهة نظر نقدية،تحررية،تقدمية ،و مفاهيم بديلة لمفاهيم الهيمنة والاستعمار الجديد، لأن تحديد المنطلقات الفكرية،أصبح أمرا ضروريا حتى عندما يتعلق الأمر بحقوق الإنسان ،وذلك لأن الدول الإستعمارية قد طوعت لغة حقوق الإنسان وحولتها من مفاهيم للتحرر ،إلى مفآهيم لتأبيد الإستعمار ،فخلقوا مفاهيم للتدخل الأجنبي في الدول،ومفاهيم للوصاية كشكل قريب من معاهدات الحماية والاستعمار المباشر الذي ميز العهد الإمبريالي الأول،ولهذا نصبح ملزمين بتحديد مفاهيمنا للتعبير عن حقوق الإنسان في سياقه الاجتماعي ودوره في التاريخ الإنساني،وجعل من حقوق الإنسان وسيلة حقيقية لنشر العدالة وتحقيق التنمية والرفاهية،وليست مفاهيم حقوق الإنسان بوظيفتها الإيديولوجية الليبرالية لتخفيف حدة الصراع بين المسيطرين والمسيطر عليهم وتكريس مسببات هذا الصراع والحفاظ ليس فقط على شكل علاقات الإنتاج الظالمة , ولكن كذلك

على جوهر الهيمنة الإقتصادية المبنية على نهب الثروات الطبيعية للشعوب الضعيفة خصوصا منها المعادن الإستراتيجية والطاقة.

إن الأمثلة التي نستعمل هنا،نحذر من استخدامها كتقرير حقوقي،إنما نوردها كاستدلال لدعم تصورنا،وكأدوات لتفسير هذا التصور..

تأسس اليوم العالمي للطفل في سنة 1954م،واعتمدت الجمعية العامة للأمم المتحدة, حقوق الطفل سنة 1959 وبالتحديد يوم 20 نوفمبر ,الذي هو أيضا نفس اليوم الذي حولت فيه الأمم المتحدة إعتماد حقوق الطفل،إلى اتفاقية دولية ،وقعتها 192 دولة وصادقت عليها جميع الدول إلا الولايات المتحدة التي وقعتها ولم تصادق عليها،

وبقينا سنوات عديدة نتلقى تقارير حقوقية عن انتهاك حقوق الأطفال،في بعض الدول،وتشغيلهم، في خرى، وهي حملات مرتبطة في جلها بالصراعات السياسية،رغم أن بعضها جادة ونبيلة كما في أوروبا الشمالية ،والبلدان الاسكندنافية،إلا أن هناك بلدان من العالم لم يحضى أطفالها بنفس الرعاية ،ولا بالتقارير التي توثق انتهاكات حقوق الأطفال،ولم يتمتعوا هؤلاء الأطفال بالرعاية ولا بالحماية

وتركو لمصيرهم امام الأخطار،وقد حدث ،في بورما، والعراق، وفلسطين،وفي رواندا،وبوركينا فاصو، ولا زال يحدث في ليبيا، واليمن، والصحراء الغربية، وفي هذه الأخيرة،أي الصحراء الغربية،لم تحدث فقط انتهاكات بل جرائم تعرض لها الكبار والصغار،ولكن بما أننا في ذكرى حقوق الأطفال فسنكتفي بالقليل من الكلام عنهم.

في أواخر سنة 1975م وفي ما يعرف ظاهريا بالمسيرة الخضراء،توغل جيش الإحتلال المغربي في الصحراء الغربية تحت قيادة الجنرال أحمد الدليمي ,انطلاقا من المناطق الشمالية الشرقية،وكان يدمر ويقتل كل من من يجد في طريقه من المدنيين الصحراويين،من سكان البوادي الذين يعيشون على الرعي في تلك البوادي ،تطبيقا لخطاب الملك الحسن الثاني :إذا وجدتم الإسبانيين فعانقوهم واقتسموا معهم المأكل والمشرب، وإذا وجدتم غيرهم أي الصحراويين فاقتلوهم

.وامتد هذا الرعب إلى جل مناطق الصحراء الغربية،وعمت خطة إبادة الشعب الصحراوي;

فبدأوا يقتلون، بالرصاص، ويرمون المناضلين من الهليكوبترات العسكرية ويدفنون الناس أحياء في المقابر الجماعية ويسممون

الآبار ومصادر المياه القليلة نسبيا في الصحراء،ويختطفون الأمهات مع صغارهم،وأحيانا يختطفون الام ويتركون صغيرها كما حدث مع الام سكينة جد أهلو التي قضت 16 سنة من الإختفاء القسري بين القلاع السرية كأكدز ومكونة، (اختطفت سنة 1976م وكانت حينها مرضعة، وافرج عنها سنة 1991 ووجدت ان رضيعتها قد توفت بعد إختطاف الام) .

في هذه الظروف القاسية بدأ الصحراويين بالنزوح نحو جنوب الجزائر،بسبب كذلك اندلاع الحرب من الجنوب ،حيث كانت جبهة البوليساريو الصحراوية تقاوم الإحتلال المغربي من الشمال والمورتاني من الجنوب، ورغم نزوح الصحراويين تاركين وراءهم , ديارهم واموالهم, حتى اطفالهم في بعض الحالات، كما انطلق اطفال بدون امهات، فالجيش المغربي لم يتركهم (مما يفضح نوايا المملكة المغربية في إبادة الشعب الصحراوي)؛فقد أقدم الجيش المغربي على قصف مخيمات الصحراويين النازحين والتي ليس فيها إلا النساء والاطفال والشيوخ الهرمين،لان الرجال كانو اغلبهم في جبهات المقاومة، وكان القصف بقنابل النابالم، والفوسفور الأبيض المحرم دوليا،

أما الأطفال الذين بقوا في المناطق المحتلة فقد عانوا من فقدان الآباء والأمهات او اختطفوا مع امهاتهم وتوفوا في ظروف الإختفاء القسري،والتهجير الذي مارسه عليهم الإحتلال المغربي نحو مدن الشمال المغربي من أجل مغربتهم في مشهد مماثل ومحاكي لمشاهد رواية غسان كنفاني:عائد إلى حيفا،وأما الأطفال الذين نزحوا فقد تعرضوا لقنابل النابالم والفوسفور الأبيض

ومن نجا منهم توفي ،بسبب نقص الغذاء والدواء،وعدم قدرة الدولة الصحراوية في السنوات الأولى تحت ظروف الحرب والنزوح من تطبيق برنامج تلقيح الأطفال.

لا بد ان أقف هنا أوجه شكرا خاصا للجزائر الشقيقة،ودولة كوبا الشقيقة،وليبيا الشقيقة،الدول التي استقبلت الأطفال الصحراويين وانتشلتهم من براثن الموت والجهل.

وهنا لابد كذلك ان أتساءل عن دور الامم المتحدة او على الأقل عن تقصيرها في توثيق هذه الجرائم التي تعرض لها الطفل الصحراوي من طرف الإحتلال وكذلك مساءلة الجناة ،مع وجود اتفاقية دولية مصادق عليها من أغلب دول العالم،الا يعتبر سكوت الأمم المتحدة انتهاكا للقانون الدولي،؟ لا اتكلم فقط عن أطفال

الصحراء لأنني بذلك أكون أنانيا،ولكن اتكلم عن كل أطفال الدول التي ذكرتها في المقدمة وعن الإطفال في كل منطقة من العالم وتوسعت قليلا في مسألة اتفال الصحراء الغربية لمعرفتي نسبيا بالموضوع ،أتكلم،أيضا عن أطفال الشعب المغربي الشقيق الذين طالتهم الإنتهاكات الجسيمة لحوققهم : في تشغيلهم،واستثمارهم في السياحة الجنسية، وهو ما وثقته مجموعة من القنوات الإعلامية الدوليةوالم القنات الثانية الإسبانية وقنوات اخرى معروفة على الساحة الدولية،بل الأخطر من ذلك قضية اغتصاب 11 طفلا مغربيا من طرف سائح إسباني ,وهو ما يعرف بفضيحة العفو أو فظيحة دانيال غالفان وبعدها يكافئ غالفان بعفو ملكي, وهذا العفو يعتبر صفقة مخالفة للقانون الدولي،والقاعدة العامة: أنه إذا تعارض القانون المحلي لأي دولة مع القانون الدولي فإنه يلغى القانون المحلي ويطبق الدولي،إذن ما الشئ الذي منع أن تطبق القاعدة العامة في هذه الحالة؟

أن الأطفال العراقيين الذين توفوا من جراء سوء التغذية،مع معرفة القدرات الاقتصادية للعراق،وخاصة الموارد الطبيعية والطاقة خاصة البترول،يطرح كل من يتشدق بحقوق الأطفال امام مسؤولياته

التاريخية،وان ليبيا التي كانت مستعدة لضمان الفرنك الإفريقي وأطفالها اليوم يعانون من تدني الخدمات الإجتماعية يطرح كذلك الأمم المتحدة أمام مسؤولياتها وهي الغطاء المستعمل في ليبيا لنهب الثروات.

ليس هناك من يجادل في الموارد الطبيعية للشعب الصحراوي بل وسيادته عليها،ومجموعة الدول في إطار الاتحاد الأوروبي وقعت المعاهدات التجارية مع المغرب ومددتها لتشمل الأجزاء المحتلة من الصحراء الغربية لاستغلال هذه الموارد المنهوبة ،رغم رأي محكمة العدل الأوروبية العادل والقائل بأن أراضي الصحراء الغربية تتمتع بوضع قانوني منفصل ومنعزل عن المملكة المغربية ،وفقر وبؤس الطفل الصحراوي خاصة والشعب الصحراوي عامة, ما هو إلا حجة ،واضحة على ازدواجية المعايير التي تنتهجها الدول المتقدمة، يتضح يوما بعد يوم أن التشريع الدولي يصبح ،فقط تعبير سياسي عن مصالح الدول المسيطرة عالميا، أي حينما يتعارض مع مصالحها يعتبر لاغيا،وبما أن نهب الثروات الصحراوية تجد فيه الدول الأوربية مصلحة آنية، فإنها توقع اتفاقيات مع المغرب تنتهك من خلالها،الإعلان العام لمبادئ المتحدة في محتوى القرار

1970/2526 ،وتنتهك القرار 1962/1803 وكذلك الرأي الإستشاري لمحكمة العدل الدولية لاهاي لسنة 1974،ورأي محكمة العدل الأوروبية لسنتي 2016 و 2017، إذن من حقنا أن نطرح السؤال الجوهري على من يطبق القانون الدولي بعد انتهاء الحرب الباردة وفي جواب هذا السؤال تأكيدا على وصفنا للتشريع الدولي بأنه يوما بعد يوم ,يصبح تعبيرا سياسيا سافرا عن مصالح الدول المستعمرة،بمعنى أن الكلام عن حقوق الطفل والاتفاقية الدولية في هذا الشأن يلزم أن يطبق في حال الانتهاك الموثق في اي منطقة من العالم دون تمييز، لأن رزنامة حقوق الإنسان للأسف طغى عليها تأويلها وإنتاج منها مفاهيم للتدخل الأجنبي في الدول وإشاعة الفوضى داخلها وتسهيل دخول الدول الغنية والمسيطرة اليها،عسكريا،وتصميم اجندات الإستعمار الجديد فيها إنطلاقا ،من خلق لها حكومات تبعية كولونيالية وكل هذا يتم، بذريعة حقوق الإنسان , ومفهوم او مفاهيم التدخل الأجنبي هاته, لا تتوفر على تعريفات قانونية محددة ولا موحدة . في نفس الوقت يتم إهمال الشعوب المقاومة من أجل استقلالها،و قضايا تصفية الاستعمار ،وتقرير مصير الشعوب،والسكوت عن نهب ثرواتها،وإذا كانت الأهداف التي أنشئت من اجلها الأمم المتحدة هي عكس هذا

تماما وهذا، لا محاججة فيه لانه يكفي ان نقرأ الإعلان العام لمبادئ الأمم المتحدة في مضمون ومحتوى القرار 1970/2625 لندرك وبوضوح مدى الانحراف الذي طرأ ,ليس فقط على بعثات الأمم المتحدة في ربوع العالم بل كذلك على تحريف وتأويل مفاهيم التشريع الدولي, وتطويعها لخدمة الإستعمار،والإحتلال ،ومصالح القوى المسيطرة على النظام العالمي الظالم،ان الطفل هو الحلقة الضعيفة من المجتمع، وهو كل المستقبل لهذا المجتمع فحينما يمارس نوع من الأعداء والحرمان، والظلم على مجتمع معين فاول من يعاني هو الطفل باعتباره الحلقة الأضعف، وهو ما شرحناه سابقا في معاناة الأطفال الصحراويين بسبب الإحتلال والحرب،ولكن الأخطر هو القضاء على مستقبل الشعب المعني لان الطفل هو جزء من الحاضر وكل المستقبل.

كان هذا المثل التطبيقي ،محاججة قانونية لدحض المغالطات ،وتسليط الضوء على الوضعية القانونية لأراضي الصحراء الغربية. ردا على تحامل فرع الجمعية المغربية لحقوق الإنسان اللا شرعي في مدينة العيون المحتلة.

بادئ ذي بدء لا نريد أن تفهم هذه المحاججة على أنها خطاب

سياسي، ولا نزعة شوفينية، ولا سوء تقييم لنضال الآخر ولا على انها انزواء وانكماش على النفس،وإنما نريد أن تفهم في إطارها الحقيقي،وخصوصا القانون،والشرعية الدولية،واحترام الوضع القانوني المعترف به دوليا لأراضي الصحراء الغربية.

إستضافت إذاعة ميزرات أحد مسؤولي الفرع اللا شرعي للجمعية المغربية في مدينة العيون المحتلة على خلفية بيان أرسلته الجمعية إلى الإذاعة ،حسب ما أفاد به مذيعها الأخ الساهل ولد أميليد ،وكان الضيف هو حمودي الڭليد،الذي وجه إليه سؤال في غير محله، وهو:

ما هو موقف الجمعية المغربية من قضية الصحراء الغربية، ولماذا تنتمون اليها؟

في الوقت الذي يكون السؤال الحقيقي، والسؤال المفصلي: هو ما شرعية تواجد فرع الجمعية المغربية في مدينة العيون المحتلة؟

والجواب عن هذا السؤال ،متوفر وواضح، وبسيط، ويرتكز على أسس القانون الدولي،علما بأن هذه الجمعية المغربية لحقوق الإنسان ،تنشط في إطار القانون الدولي لحقوق الإنسان كإتفاقية دولية إلزامية وقعها المغرب سنة 1979 مع الأمم المتحدة على أراضيه

السيادية وليس على أراضي الغير ، وهذا سبب اول يجعل الفرع غير شرعي،وقد قام المغرب بعملية تجميل دستوره سنة 2011 ليوافق محتوى القانون الدولي لحقوق الإنسان،ولكن دستور المغرب لا يطبق على الاراضي المحتلة من الجمهورية العربية الصحراوية الديمقراطية والتي يعترف المغرب نفسه بحدودها الموروثة عن الإستعمار في محتوى المادة الرابعة من القانون التأسيسي للإتحاد الإفريقي والذي وقعه ،ونشره في جريدته الرسمية،وهذا سبب اخر ،يجعل هذا الفرع لا شرعي من حيث تواجده على أراضي دولة أخرى.

في محاولة للإجابة عن السؤال الأول ،حاول الرفيق حمودي ان يبرز العمل الحقوقي ونبل المسؤولية التي تقوم بها وتاه في مجموعة من المغالطات كالقول،بأن المنطقة منطقة نزاع، وكان عليه القول بانها منطقة لا زالت لم تتم فيها تصفية الإستعمار والتي تناولتها اللجنة الاممية الخاصة بتصفية الإستعمار منذ 1963 ،وهذه المناطق يؤطرها القانون الدولي الإنساني كقانون خاص بينما الفرع يشتغل في إطار القانون المغربي ويعتبر أداة من أدوات الاحتلال يستعملها المغرب لما يسمى الهيمنة بذريعة حقوق الإنسان تماما

كما تستعمل اسرائيل المنظمات الحقوقية الليبرالية ،لتبرير وتأبيد هيمنتها بالقدر الذي الذي تنتشر جرائم النظام المغربي وانتهاكاته يتم توظيف إيديولوجية حقوق الإنسان وتداول مفرداتها بكثرة لتغطية هذه الجرائم والانتهاكات بواسطة الجمعية المغربية لحقوق الإنسان وفروعها اللا شرعية في العيون ،والسمارة ،مثيلاتها من الجمعيات

.ربما حبا منه في تمديد المجال الجغرافي لعمل الجمعية المحاصر بمفهوم السيادة

عرج الرفيق حمودي على مفهوم الشمولية والكونية،والواضح ان الرفيق بعيد كل البعد عن فهم مغزى الوظائف الإيديولوجية لمفهوم حقوق الإنسان كمفهوم ليبرالي يتعارض مع مضمون الفكر الثوري باعتبار هذه الوظيفة اداة لتكريس الهيمنة بذريعة حقوق الإنسان ووظائفه الإيديولوجية الخفية،وهو ما حاربه كل المناضلين الثوريين بإنتاج مفاهيم، حقوقية ،تقدمية،ثورية وبديلة لمفاهيم الهيمنة فهو في الأخير ينزلق بشكل لا واعي الى مواقع الفكر النقيض ويدافع عن هذه الوظائف الإيديولوجية الخفية التي يحارب جهرا،فهو يعتقد أنه يكافح نظام الإحتلال في الوقت الذي يستعمله الإحتلال كأي حزب من الأحزاب الكرتونية، فهو الذي يرفض نهب الثروات الطبيعية،

وفي نفس الوقت لا يعرف ان من يشرع نهبها هو مفهوم حقوق الإنسان من خلال التنمية المستدامة واجنداتها

يقول الرفيق حمودي، بان الجمعية المغربية لحقوق الإنسان اسست على مبادئ حقوقية واضحة،وهذا لا نجادل فيه ،حينما نحصر عملها على الحدود السيادية للمغرب وليس على أراضي الدول المجاورة،ويغيب عن الرفيق حمودي ان النضال الصحراوي ليس نضالا حقيقيا أي من أجل إصلاح القانون المغربي،وليس كذلك نضالا نقابيا أي إصلاحيا من أجل تحسين الأوضاع المعيشية للأفراد، النضال الصحراوي يارفيقي هو نضال ثوري ومقاومة من اجل اجلاء الإحتلال المغربي وانتم كمنظمات مغربية وجزء من الإحتلال الذي يعتبر جريمة في القانون الدولي،إنما تستعملكم سلطته لإجهاض الإنتصار الديمقراطي للثورة عشرين ماي الخالدة،الاختلاف إذن هو اختلاف مرجعيات، الصحراويون يقومون بمقاومة شجاعة و مستميتة من أجل ممارسة سيادتهم التي اعترفت لهم بها محكمة العدل الدولية، وكل قرارات الأمم المتحدة،ومحكمة العدل الأوروبية،ودراسة مركز بحوث البرلمان الألماني حول الوضعية القانونية للصحراء الغربية،والميثاق الإفريقي لحقوق

الإنسان والشعوب،في المادتين عشرين وواحد وعشرين،و القانون التأسيسي للإتحاد الإفريقي ،وانتم فروع الجمعية المغربية لحقوق الإنسان في المناطق المحتلة تعملون من أجل إصلاح القانون المغربي ضد كل ما سبق ذكره انتم في الصحراء الغربية تعملون خارج الشرعية الدولية.

لقد كنت دائما تواقا لأرى مردودية عملكم داخل الأراضي السيادية للمغرب،لصالح المغاربة والصحراويين على السواء ولكن في الأراضي السيادية للمغرب، وفيها يتواجد الأسرى المدنيين مجموعة اكديم ازيك، ورفاق الشهيد الولي ،وفيها سقط شهداء الصف الجامعي من أمثال بضري بوجمعة وابراهيم صيكا وهلم جرا، وتلك هي مسؤوليتكم، وذلك هو مجال عملكم ،أما ما يتعلق بالحدود الصحراوية الموروثة عن الإستعمار والمتواجدة حاليا تحت حالتي الإحتلال العسكري والحرب فمسؤولية مراقبة حقوق الإنسان فيها تقع على الأمم المتحدة،ومسؤولية حماية المدنيين تقع على عاتق اللجنة الدولية للصليب الأحمر،بتطبيق اتفاقيات جنيف الاربعة والبروتوكولات الإضافية أو ما يسمى اختصارا بالقانون الإنساني الدولي

أما أن تقول بأن الجمعية المغربية لحقوق الإنسان،ة هي أول من قدم لائحة المختفين قسرا من الصحراويين، وتسميهم بالمعتقلين - اتمنى ان تكون فقط زلة لسان - لان الفرق بين الاختفاء القسري والاعتقال هو كالفرق بين السماء والأرض.قبل ان تقول يارفيقي بان الجمعية المغربية لحقوق الإنسان هي اول من قدم لائحة المختفين قسرا كان عليك ان تتذكر ان هؤلاء المناضلين الأشاوس رحم الله من مات منهم، واطال عمر من حي،هم كانوا ثوار التنظيم السياسي للجبهة منخرطين فيه ،والتنظيم يعرف كيف اختطف كل واحد منهم ويعرف من رمتهم سلطات الإحتلال من هيليكوبتاراتها،ومن توفوا تحت سياط التعذيب،ومن دفنو في المقابر الجماعية وملفهم لازال يراوح مكانه، وتقرير المجلس الاستشاري الملكي لحقوق الإنسان لسنة 2010 عنهم كاذب، وقد سرد بعض الأسماء التي توفيت في الحرب أو في المعتقلات حسب زعمهم وبعد ذلك وجدت في مقابر جماعية ،ووثقها خبراء دوليون.

في الحقيقة ،احترم الجمعية المغربية لحقوق الإنسان ،واحيي بالخصوص موقف بعض مسؤوليها الكبار الذين يرفضون زيارة المناطق المحتلة إحتراما للقانون الدولي وتماشيا مع ما ينص

عليه،واغتنم الفرصة لأدعو الجمعية المغربية لحقوق الإنسان أن تعمل على كشف مصير أكثر من 1000 مختفي مختفية قسريا في المخابئ السرية المغربية وتحديد هويات الشهداء منهم وتسليم رفاتهم إلى أهلهم، ومقاضاة المجرمين المتورطين في اختطافهم وتعذيبهم وقتلهم ودعوة سلطة الإحتلال كبلد موقع على اتفاقيات الإختفاء القسري الى إنهاء مأساة هذه العائلات بالتنسيق المطلق والشفاف مع الممثل الشرعي والوحيد للشعب الصحراوي الجبهة الشعبية لتحرير الساقية الحمراء وواد الذهب والمعترف لها بذلك من طرف الأمم المتحدة ،ويكون هذا التنسيق في إطار الحل الشامل واستكمال تصفية الاستعمار من الصحراء الغربية واستقلالها، وهذا هو ما آمن ويؤمن به الأحرار من الشعب المغربي الذين يريدون أن يخلصو وطنهم من هذه الطبقات الكولونيالية الحاكمة بالمال والنسب والسيف.

الفصل الثالث: المؤتمر الشعبي العام، في ضوء مفاهيم الثورة

الجبهة الشعبية لتحرير الساقية الحمراء وواد الذهب هي الممثل الشرعي والوحيد للشعب الصحراوي

، وطليعة كفاحه الصدامية، وهي تتمتع باعتراف أممي وبشرعية شعبية، وهي من اعلن الجمهورية العربية الصحراوية الديمقراطية،طبقا للشرعية الدولية، فالكلام التاريخي للشهيد الولي مصطفى السيد رحمة الله عليه، حينما اكد ان ـ الجمهورية, أعلنت طبقا لقرارات الأمم المتحدة، وتقارير لجنة تصفية الإستعمار، وتقارير لجنة تقصي الحقائق، والرأي الإستشاري لمحكمة العدل الدولية ، وطبقا لموقف المجموعة الإفريقية ومجموعة عدم الإنحياز ـ، (إنتهى كلام الشهيد)، إنما يشرح بطريقة ذكية ، وبأسلوب متخصص، ان إعلان الدولة يعتبر في حد ذاته ممارسة للمبدأ الأول من مبدأي حق تقرير المصير،أي : اعلان الدولة الدولة الوطنية الحرة أولا , واختيار الشعب شكل الحكم الذي يفضل العيش في ظله ثانيا , هما المبدأين اللذين يشكلان جوهر حق تقرير المصير والإستقلال،وليس بأي شكل من الأشكال ان

تكون الدولة إطار سياسي فوق الحركة، إلا بعد الإستقلال التام ،أي حينما يتحقق هدف الحركة المعبر عنه في اسمها وهو تحرير الساقية الحمراء وواد الذهب، وحينها تصبح الحركة كحركة امرا لالزوم له، ويمكن ان تحل، أو تتحول فصائلها إلى احزاب تعددية مثلا ، وهذا لا ينقص من قيمة الدولة المعلنة، ولكن يحدد دورها مرحليا كأداة من ادوات الحركة للصراع، وهذا مايجعل , رئيس الدولة هو الأمين العام للجبهة الذي ينتخبه لمؤتمر الشعبي العام, وهو اكبر سلطة لدى الشعب الصحراوي ،لأنه بالإظافة إلى إنتخاب رئيس الدولة والأمين العام للحركة فهو يصادق على القانون الأساسي وبرنامج العمل الوطني, وهم الأدوات الأساسية لتسيير العمل الثوري في كل مواقع الفعل والنظال.

إذن من هذه التوطئة تنبع مجموعة من الأسئلة والإشكاليات:التي لابد من طرحها أولا ومن الخوض فيها ،وإشباعها من البحث والتحليل.

اولا ما هي أولوياتنا بين الدولة والحركة

في السياق التاريخي والاجتماعي للقضية الصحراوية وداخل الإطار العام و الشروط الذاتية والموضوعية التي تحكمها؟ ؟

و مالفرق بين الدولة المستقلة؟والدولة المعلنة تحت إطار حركة تحررية؟ وما نمط التجربة الديمقراطية في كل منهما؟

وكيف يختلف المجتمع المدني في كل منهما؟ بل لماذا لا تقبل الدولة المحتلة او المستعمرة ما يسمى بالتعددية الحزبية؟

فيما يتعلق بالقضية الصحراوية العادلة وهي أبرز وأوضح قضية تصفية استعمار, تجتمع فيها كل الشروط الأساسية ،الجغرافية والتاريخية ،والأسس القانونية، والمفاهيم الحقوقية لقيام الدولة الصحراوية،وفعلا كان إعلان الدولة الصحراوية كمطلب حضاري للشعب و كعامل توازن واستقرار في المنطقة كلها ،و كإطار سياسي استراتيجي بمثابة قطع الطريق أمام الأطماع الإستعمارية التي عمدت إلى محاصرة الشعب الصحراوي، و اعتبار الدولة الصحراوية هدف استراتيجي لنضال الشعب الصحراوي، حقيقة مبدئية لا رجعة فيها ، وهذا امر لا يمكنه أن يحجب حقيقة أخرى هي أن الجبهة الشعبية لتحرير الساقية الحمراء ووادي الذهب كممثل شرعي ووحيد للشعب الصحراوي ، باعتراف الأمم المتحدة و وصفها كذلك في القانون الدولي ، وباعتبارها هي الأساس الفعلي الذي يحمل ويحمي الدولة : مرحليا كأداة من أدوات الصراع واستراتيجيا كهدف وكيان

للشعب الصحراوي يضمن له حقه في الوجود، انطلاقا من حرب التحرير على الأرض مرورا بتأطير كل أشكال المقاومة و وصولا إلى العمل السياسي الصرف ، سواء كان هذا الأخير باسم الدولة أو با سم الحركة، ومن هنا يلزمنا مرحليا تقوية الأساس الذي هو الحركة، إنطلاقا من مؤتمرها الشعبي العام السادس عشر.

وتقوية الجبهة الشعبية لتحرير الساقية الحمراء وواد الذهب، وجعلها في مستواها المعهود ، في مجال تأطير المقاومة وحرب التحرير، وتطوير المهمة الحضارية الثورية التي يخوضها الشعب الصحراوي لابد من الانطلاق من حقنا المشروع في الدفاع عن انفسنا بكل الأدوات المتاحة لنا، وهذا حق قانوني وعرفي،يهدينا إلى تطوير أدوات المقاومة والردع ، بمعنى،تنظيم الشعب الصحراوي واستعمال كل الموارد الطبيعية والبشرية لأجل التحرر، وتطوير العلاقة الجدلية بين التنظيم السياسي والقواعد الشعبية أي الحفاظ على مستوى عال من التأطير السياسي:تأطير كل الطاقات الشعبية في الخلايا والفروع السياسية للجبهة بدل هدرها في منظمات المجتمع المدني والمجموعات التطوعية، بالمنطق الثوري، والفكر التحرري، أي بالفعل النضالي الذي ينطلق أساسا من التضحية و يتعارض مطلقا

مع البراغماتية السياسية.

يعتبر المؤتمر الشعبي العام هيئة تقديرية،وأعلى سلطة لدى الشعب الصحراوي ومن خلاله يفوض سلطته إلى ممثليه وينتج الأسس التشريعية وبرنامج العمل الوطني ،والشعارات والمفاهيم التي تحدد الفعل الثوري في كل مواقعه في أربع سنوات قادمة، إلى جانب كونه تراكما تاريخيا لعطاء منظمتنا العتيدة ، فهو محطة تقيم ما قبلها وتنتج الأدوات المادية والفكرية التي تمكننا من الاستمرارية والتطور, وكذلك منطلق تتفجر منه الطاقات الشعبية، و محطة مهمة لممارسة كل مبادئنا الثابتة، في إطار التطور الديمقراطي الخاص بنا، وممارسة مبدأي السيادة والاستقلالية ,في التجربة الصحراوية الفريدة هذا العالم.

إن نحث أسس الثورة ومفاهيمها في القانون الأساسي حسب الشروط التاريخية الراهنة وجعل الوعي الثوري مطابقا لها, وعكسها في برنامج العمل الوطني وتوضيح الحدود الفاصلة بين الفكر الثوري والفكر الإصلاحي الرجعي وتوظيف هذه الحدود في التشريع،أي في القانون الأساسي هو في الجوهر , حماية التنظيم السياسي الثوري من الإنزلاق إلى مفاهيم الفكر النقيض وهو مهمة

ومسؤولية الأطر، وأعتقد أن القانون الأساسي للجبهة لا يجب أن يشرع ما بإمكانه أن يردم الهوة بين الفكر الرجعي الإصلاحي والتحريف وبين الفكر الثوري العلمي,ولا التشريع لمنظمات المجتمع المدني،ولا للمجموعات التطوعية،لأنها ببساطة على المستوى العقائدي والمفاهيمي ليست من جوهر التنظيم الثوري وإنما تعتبر نزيفا للطاقات الشعبية،التي تنشط في هذه المنظمات بدل أن تنشط في خلايا وفروع التنظيم السياسي التي هي المصدر الوحيد لأطر التنظيم السياسي وهنا تبدو مسألة البحث في العقيدة الثورية أمرا لا بد منه لتوضيح هذا الأمر، وإذا كنا نعرف جيدا ما يعنيه التنظيم السياسي الثوري فلنلقي نظرة على ما هي منظمات المجتمع المدني وهنا سيكون الجواب كاملا عن السؤال الذي طرحناه سابقا حول الفرق بين الدولة المستقلة، وبين الدولة المعلنة تحت حالتي الاحتلال والحرب ، فيما يخص تحديدا منظمات المجتمع المدني ودورها في كل منهما؟

إن القانون المنظم لعمل منظمات المجتمع المدني،هو القانون الدولي لحقوق الإنسان،وكل الدول الموقعة التزامات القانون الدولي لحقوق الإنسان مع الأمم المتحدة على شكل التزامات دولية تحدد

سلوك الأمم المتحدة تجاه الدولة المعنية وسلوك الدولة تجاه المجتمع الدولي , بما يضمن نظريا احترام هذه الإلتزامات التي انتهكت في كثير من التجارب ، كما تم انتهاكها من طرف الاحتلال المغربي الذي لم يعاقب على فعله, وهو مؤشر آخر على عدم مصداقية الأمم المتحدة، ونحن في الدولة الصحراوية لم نوقع, فيما يتعلق بهذه الإلتزامات سوى التزامين أساسيين : الأول هو الميثاق الإفريقي لحقوق الإنسان والشعوب وتحترمه الدولة الصحراوية, بكفاءة عالية , وبشهادة اللجنة الإفريقية لحقوق الإنسان والشعوب ، والإلتزام الثاني موقع باسم الجبهة الشعبية لتحرير الساقية الحمراء وواد الذهب، التزام القانون الإنساني الدولي في يونيو 2015 واحترمته الجبهة حتى قبل توقيعه بشهادة اللجنة الدولية للصليب الأحمر خصوصا في مسألة اسرى الحرب المغاربة, في معاملتهم طبقا لأحكام معاهدة جنيف الرابعة، ولكن للأسف الأمم المتحدة لم تحترم هذه الإلتزامات فيما يتعلق بتطبيق القانون الإنساني الدولي وحماية المدنيين الصحراويين تحت حالتي الإحتلال العسكري والحرب، واعتقد ان هذا الموضوع يمكن أن يكون إطار المفاوضات بين الجبهة والأمم المتحدة نفسها.

وإذا كان ما يعنينا هنا هي منظمات المجتمع المدني التي يؤطرها عموما القانون الدولي لحقوق الإنسان فكل الدول الموقعة عليه، تقوم بتكييف دساتيرها وقوانينها مع هذا القانون ،وهذا ليس الحال بالنسبة لنا لأننا لم نوقع على هذا القانون ، إذن السؤال الأول طبعا ما الذي يفرض علينا تكييف القانون الأساسي في هذا الإتجاه ؟ ولماذا لا نترك هذا الأمر حصرا على الميثاق الإفريقي لحقوق الإنسان والشعوب الموقع عليه من طرف الدولة الصحراوية والذي يتطابق مع دستورها، والذي يعبر اساسا عنا كجزء من التحرر الإفريقي؟؟

أما السؤال الثاني فما هي سلبيات او ايجابيات هذا التكييف؟.

منظمات المجتمع المدني وطنية،كانت أو دولية حقوقية كانت او كانت ،تنموية،او في احدى المحاور الاجتماعية ألأخرى، فإننا نولي اهتماما كبيرا لمشاركتها في البنيات الأساسية، أي الإقتصادية والسياسية والإيديولوجية ، في الدول الديمقراطية المستقلة، يعنينا بالأساس،الفهم السوسيولوجي لهذه المنظمات،ودورها في التعبير عن مصالح من تمثلهم داخل المجتمع- لأن المجتمع هو الكل المتناقض -

ولكن الإشكالية المطروحة، ما علاقتها بفكر التغيير أي النظرية

الثورية؟؟،ما علاقتها بالفكر السائد؟؟، وما هي وظائفها الإيديولوجية،

ليس من البسيط توفير الأدوات الفكرية، للإجابة عن هذه الأسئلة،إلا أنه في نفس الوقت ليس من المستحيل توفيرها،خصوصا إذا انطلقنا، من تحليل علمي للظاهرة الاجتماعية،محددة في الحقبة التاريخية التي نعيشها، وأول ملاحظة بسيطة يمكننا ملاحظتها،هي أن الوعي كجوهر لكل مصادر المعرفة ، ليس مجرد تعبير نوعي يعكس الحركة العامة للمجتمع،وليس شامل ،ولا شموليا،وإنما لكل طبقة من طبقات المجتمع وعيها الخاص بها ، يحدد مصالحها ، ويتحدد بها وهنا تكمن الوظائف الإيديولوجية للوعي ، وما نراه وعيا شموليا ومعبرا عن الحركة العامة للمجتمع ، إنما هو الوعي السائد ـ من السيادة ـ وهذه الرؤية تتلاشى طبعا وتتحول إلى سراب ،حينما نقوم ببحث علمي سوسيولوجي دقيق نفهم من خلاله تناقضات هذا المجتمع والصراع داخله

لهذا تكون منظمات المجتمع المدني الليبرالية غير ذات جدوى ولا قيمة في الفعل الثوري التغييري، بل ليس لها مكان في التنظيم الثوري المتجانس والذي يعبر لا عن حاجتنا إلى ايديولوجية الطبقات

بل إلى الفكر الذي يعبر عن حاجتنا كلنا كصحراويين للتحرر اولا، اي حاجتنا إلى الوحدة لا إلى ضربها، و تعتبر تحريفية للفكر الثوري باعتبار وظائفها الإيديولوجية وسقف نضالها الإصلاحي،صحيح أننا نحتاج كأي شعب اخر إلى مفاهيم العدالة والحرية والحقوق،ولكن من وجهة نظر علمية نقدية تقدمية و مفاهيم بديلة لمفاهيم الهيمنة ، لأن القانون الدولي لحقوق الإنسان

نفسه طوعت الدول المهيمنة أدواته ومفاهيمه ، حتى جعلت منه تعبيرا سياسيا عن مصالح الدول المهيمنة على منظمة الأمم المتحدة منذ تأسيسها إلى سنة 1991 بشكل نسبي ومنذ سنة 1991 إلى اليوم بشكل مطلق تقريبا باعتبارها دول منتصرة في الحرب الباردة،وضعت شروط المنتصر على شكل مفاهيم حقوقية، وأجندات اقتصادية ،ولعل مفهوم التدخل الإنساني كمفهوم للهيمنة والاحتلال هو أوضح مثال على وظيفة هذه المفاهيم،و حتى داخل الدول الديمقراطية المستقلة المتقدمة والتي ضمنت نوعا من الرفاه النسبي لشعوبها عن طريق نهب ثروات الشعوب الفقيرة، تعتبر المنظمات الغير حكومية أدوات لتحسين تطبيق هذا القانون،ولا تنتقده ولا تتجاوز سقفه وحينما نراقب عمل منظمات المجتمع المدني نجده

،مسقف ،ومحدود؛ ولا يتجاوز دعم النظام القائم وتقويته، ومده بالحلول في حالة الأزمات،بينما تعتبر النظرية الثورية، التي ترى حقوق الإنسان من وجهة نظر نقدية، تقدمية تحررية،وبمفاهيم بديلة لمفاهيم الهيمنة إلغاء لمفاهيم حقوق الإنسان الليبرالي وبحثا عن مفاهيم للعدالة،تتجاوز مفهوم الحقوق بذريعة الهيمنة آلمنحرف عن مقصد العدالة،و الذي يكرس سيطرة، المهيمنين على المجتمع، إن حاجة المهيمنين إلى الوظائف الإيديولوجية لهذه المفاهيم واضحة, وفقط يهادنها المفكرين تحت ضغط هذ الخطاب السائد ، هي من اجل الحفاظ على النظام الإنتاجي القائم ،وجوهر الظلم في علاقات الإنتاج المجتمعي،ورغم أنه نظام احسن بكثير، من نظام العبودية، والإقطاعية،والعلاقات النوعية التي تحكم الإنتاج المجتمعي عموما، قبل ظهور العمل النقابي،وهنا يكمن الفصل بين النقابي والسياسي،وبين الحقوقي والسياسي،إذن منظمات المجتمع المدني،او الجمعيات هي،أداة لتحسين الوظيفة الإيديولوجية للفكر المسيطر في تكريس الواقع من خلال تلطيف الصراع، والحفاظ، على جوهر الظلم في هذا الصراع،وليس القضاء عليه أي أداة من ادوات القوى المحافظة ولذلك يختلف دورها في المجتمع الطبقي عنه في المجتمع الذي لازال لم يتشكل طبقيا - حال الصحراء الغربية .،

ولذلك لا يمكنها ان تحل محل التنظيمات الثورية التي تنشد التغيير الجدري او التحرير

قبل أن نستنتج خلاصات مبنية على تأملات فكرية، وعقلانية زائفة، لا تلامس الواقع تعتمد في أغلبها على استدلالات عقلانية مجردة،علينا أن ننطلق من نشاطنا اليومي وأن نعترف أن المفاهيم تتكون أساسا من الخصائص الناتجة عن التفاعل بين الشروط التاريخية التي انتج داخلها المفهوم، وبين الذات العاقلة (المفكر) التي أنتجت المفهوم , هذه الخصائص تنتج عن العلاقة الجدلية بين المتفاعلين بدون سابق أولى، فلا هي كامنة في المفكر، ولا في الواقع ولكنها نتيجة التفاعل ولذلك لا يمكن إسقاطها في شروط تاريخية مغايرة، والمثل هنا واضح في الميثاق الإفريقي لحقوق الإنسان والشعوب، والذي يضيف كلمة الشعوب ولا يتوقف عند كلمة حقوق الإنسان المجردة خارج السياق الاجتماعي ،بل إن التأكيد على حقوق الشعوب ينتج عن مطلب افريقي وحاجة افريقية للتحرر لان افريقيا هي التي عانت ويلات الإستعمار والإحتلال أي انتهاك حقوق الشعوب، لأن حقوق الشعوب هي مثلا حقها في تقرير مصيرها ،حقها في السيادة على أراضيها وثرواتها،حقها في

تنمية نفسها بنفسها، حقها في اختيار شكل الحكم الذي تحب العيش في ظله،...... إلخ ومن هنا نفهم لماذا الإحتلال المغربي هو الدولة الإفريقية الوحيدة التي لا توقع هذ الميثاق.??? لإنها ببساطة تنتهك كل هذه الحقوق .

وإذا كنا حقيقة توسعنا في مسألة القانون الأساسي ومنظمات المجتمع المدني بهدف توحيد الشكل التنظيمي لكل الطاقات الشعبية الوطنية بغض النظر عن أماكن تواجدها،فهذا لا يعني أبدا عدم وجود مسائل أخرى تستدعي المراجعة وتوحيد الشكل التنظيمي للطاقات الشعبية الصحراوية بمختلف مناطق تواجدها،مع مراعاة واقع كل منها.

نحن الآن أمام فرصة تاريخية، لمراجعة شاملة يكون هدفها تطوير الفعل الثوري على المستوى التكتيكي والإستراتيجي وجعله في مستواه المعهود لردع المحتلين،وفي نفس الوقت مراجعة المعطى الإيديولوجي وإنتاج الخطاب السياسي الوطني الذي يضمن وعيا حقيقيا يعبر عن المشروع الوطني في كليته وتفاصيله، ويتطابق مع الشروط التاريخية المحيطة بنا

الفصل الرابع: مبدأ العلمية،في معالجة المشروع الوطني: الخطاب السياسي و الواقع الإجتماعي الصحراوي

في هذا المبحث, ننطلق من نسق فكري وطني تحرري ،يقوم على مفاهيم إيديولوجية علمية،تشكل وتحدد هذا البناء الفكري العام الذي يعتمد أساسا على التحليل العلمي، كمبدأ لاستنباط الأحكام والدلالات من الواقع الإجتماعي ، و خطاب يعبر عن الإنسان الصحراوي في سياقه الاجتماعي, خاصة في ظروف الثورة وشروطها التاريخية،وفي تعاطيها المستمر مع الفكر التحرري العالمي، ورغم العوائق الإبستمولوجية ، وتكالب الخصومات السياسية ، إلا أننا نحاول الالتزام بالموضوعية كأساس لتطوير هذه النظرة العلمية العميقة , إلى الواقع الإجتماعي، وطرح الإشكاليات الحقيقة ، ومناقشتها بهذا النسق العلمي لإنتاج خطاب ,بإمكانه أن,يشكل اللبنات الأساسية للوعي الذاتي الجماعي للشعب الصحراوي، وفي نفس الوقت يجيب على الأسئلة الملحة حول العملية التاريخية ، ومآلات المشروع الوطني كجزء منها..

لا شك أن موضوع مآلات المشروع الوطني : موضوع متشعب وكبير بحيث يعجز عن دراسته ذوي

الاختصاصات, في العلوم السياسية , والقانون الدولي والتاريخ , والاقتصاد السياسي , باعتبار حاجته إلى جزء من كل هذه المضامين الإيديولوجية للبحوث بصفة عامة, وارتباطها بالجوهر الإيديولوجي للنسق الفلسفي أو المنظومة الفكرية التي ينتمي إليها الباحث ,والأهداف الإستراتيجية المعبر عنها أو المقصودة ضمنيا: نوع الوعي الذي يقصد الكاتب نقله إلى الإدراك الذاتي الجماعي من أجل التوجيه وخلق الرأي وهذه العملية تطورت بشكل رهيب في عصرنا بعد أن كان ينتجها الجوهر الإيديولوجي في الفلسفة والتاريخ والأدب والعلوم الطبيعية , أو صناعة الوعي الزائف بتحريف الجوهر الأيديولوجي للدين وهلم جرا. ,أصبحت هذه العملية : التنظير الإيديولوجي العضوي لخلق الوعي الحقيقي بالواقع الإجتماعي،أو نقيضه في صناعة الرأي من خلال نقل الوعي الزائف الى الإدراك الجماعي للشعب , تُنتَجُ عبر الإرهاب الفكري والإرادة المسلوب

للشعب, وتقوم على دراسة سيكولوجية المجتمع, وتركز على خلخلة مرتكزاته الفكرية ومشاريه الثقافية عبر وسائل الإعلام المعادية وقنوات التواصل الإجتماعي ذات الفعل العميق باعتبارها تصل إلى أكبر نسبة من المواطنين وخصوصا :المواطنين البسطاء الغير محصنين بوعي كبير كامتلاك آليات التحليل والنقد التي تمكنهم من التمييز بين الوعي الحقيقي للواقع الإجتماعي وبين الوعي الزائف ,الشبيه بآلة التحكم عن بعد الذي به يتم تحريكهم ضد مصالحهم و تخريب أوطانهم والذي الذي يستهدف به الأعداء إرادة الشعوب هذا الوعي المحمل بثأثيرات نفسية تحاول جعل المجتمع يقبل الهزيمة ويستسلم لها،خصوصا إذا كان المجتمع غير محصن بوعي حقيقي للواقع الإجتماعي .

لكي يكون لهذه المقدمة معنى لا بد ان نحصر كلامنا في فترة تاريخية محددة زمانا ومكانا والتزام العلمية والموضوعية من اجل الفائدة فبالرغم من أن ليست هناك كتابة بريئة إلا في المجتمعات المتخلفة التي لا تقرأ ما وراء السطور, وهو ما عبر عنه الناقد

المسرحي الألماني بريخت في قوله ـ تعتمد الفلسفة والفنون والمسرح والسينما على الكلمة المقروءة في المجتمعات الألف بائية ـ. وكما اشرنا سلفا نظرا للعوامل التي تسميها الفلسفة العوائق الإبستمولوجية ,ويسميها السوسيولوجيين بالإنتماء الإيديلوجي ,فنحن سنكون في صف الشعب ضد العدو سنكون ناقلي للوعي الحقيقي كي ندحض الوعي الزائف للواقع الإجتماعي, و سنحدد الفترة التي نتكلم بها بفترة اللا سلم واللا حرب التي طبعت نزاع الصحراء الغربية منذ سنة 1991 و نعالج ظاهرة ظهور حركات طفيلية تحاول مشاركة الجبهة الشعبية لتحرير الساقية الحمراء وواد الذهب في تمثيل الشعب الصحراوي من اجل ضرب الوضوح القانوني لقضية الصحراء الغربية التي تعتبر قضية تصفية استعمار على أجندة الأمم المتحدة منذ أكثر من نصف قرن.

و للوصول لهذه الغاية لا بد من تقديم تعريف ولو بسيط للمشروع الوطني فثورة عشرون ماي تحمل وصفين أساسيين: الأول: ثورة: والثورة هي حركة فتح شاملة لتغيير نمط إنتاج

المجتمع،ونمط عيشه ومرتكزاته الفكرية وشكل وعيه الجماعي بواقعه الاجتماعي ,وهذا التغيير في المجتمعات القائمة يجد في غالبية الأحيان قوى مستبدة محافظة على الوضع الراهن ومستفيدة منه, أو قوى تحاول الرجوع بالمجتمع إلى ما قبل الثورة ومن هنا مفهوم الرجعية من وجهة نظر سياسية. ومنذ سنة 2011 وباعتبار التطور التيكنولوجي الهائل الذي إنعكس على الإعلام الآلي ووسائل التواصل الإجتماعي ومن هنا القدرة على نقل الفكر الزائف ،وصناعة الفوضى أضيف إلى القوى الرجعية والقوى المحافظة التي تكرس واقع التخلف وتحاول منع التطور المجتمعي مفهوم آخر وهو الثورات المضادة التي عرف بها الربيع العربي وهذا المفهوم ليس عشوائيا رغم أنه يبدو كذلك وهو إنتاج الجوهر الإيديولوجي الذي تكلمنا عنه في المقدمة والذي تكفلت به وسائل الإعلام ووسائل التواصل الإجتماعي نظرا لقدرتها على الفعل العميق بوصولها بسرعة إلى جمهور كبير من عامة الناس يسهل تحريكه بالخطاب العاطفي وتوجيهه لخلق فوضى تتسل داخلها الطفيليات (وهو ما

سمي في حرب الخليج بالفوضى الخلاقة) بينما كان في القرون السابقة حصريا على الفلسفة والأدب والفنون ونتائج العلوم الطبيعية والطب , والخلط المقصود في المساواة بين الثورة ونقيضها ,نجح في مجموعة من دول ما سمي بالربيع العربي لأن تلك الحركات كانت في أغلبها إحتجاجات خبزية ولم يكن لها لها العمق الفكري الإستراتيجي ولا السياسي ولا المؤهلات الكفيلة بتغيير نمط الإنتاج المجتمعي ولا السلوكيات والمرتكزات الفكرية التي يمكنها أن تهز المعتقدات السابقة عليها وبالتالي ,بدت في الدول التي كانت معروفة بدول الممانعة كحروب اهلية تلبس ازياء العقائدية والطائفية وما إلى ذلك وهي في الحقيقة لا تتعدى كونها حرب اجندات خارجية بأيادي وطنية فتحت المجال امام دخول الأجانب المتربصين بخيرات الأوطان .

أما في الدول المكافحة من أجل الإستقلال فالمقاومة او الثورة او حركة الفتح الشاملة فتجد نفسها في مواجهة المستعمر المتحكم في البلاد وفي دواليب كل شئ فيها والتجربة أكثر من واضحة في العهد

الإمبريالي في التسابق على المستعمرات واستبدالها وبيعها وما إلى ذلك وفي كل تلك الحالات كان المستعمر

يخلق طبقة كولونيالية من أبناء الشعب المستعمَر ترتبط مصالحها بالاستعمار وتتم هيكلتها كأحزاب قومية كما حزب البونس في الصحراء الغربية أو كآليات اخرى او طوائف او غير ذلك من تعدد الأشكال والمسميات ولكن الهدف منها واحد وهو تعطيل استقلال الشعوب واقول تعطيل الاستقلال باعتبار الاستقلال تطور تاريخي حتمي نحو الحرية والانعتاق والاستقلال ورفض الاستعمار لأن الشعوب لا يمكنها أن ترجع إلى عهود العبودية ,وهذا واحد أكبر البراهين على أن التطور يسير نحو الإرتقاء وليس نحو الإنحطاط , وهذه صيرورة تاريخية فرضت نفسها في التاريخ الإنساني.

وفي حال الصحراء الغربية كآخر قضية تصفية استعمار في أفريقيا: قامت الجبهة الشعبية لتحرير الساقية الحمراء وواد الذهب كثورة , لتغيير واقع الاستعمار بواقع الاستقلال, لتغيير المقاطعة الإسبانية رقم 53 الى الجمهورية العربية الصحراوية الديمقراطية لتغيير نمط

الإنتاج الرعوي ونمط حياة الترحال إلى اقتصاد الإستقرار أي التجارة والفلاحة واستثمار الثروات الطبيعية وتحرير الأرض وبناء الإنسان وقطعت أشواطا في هذا المنحى رغم الحرب الإمبريالية الشنعاء التي استهدفت الحركة والدولة الصحراوية ورغم بروز حركات موازية تهدف إلى ضرب الحركة وتعطيل استقلال الشعب الصحراوي ونذكر منها ,الكوركاس, وخط الشهيد, وجزب المغرب العربي،والمبادرة من أجل التغيير ،وحركة صحراويين من أجل السلام.

ونأخذ على سبيل المثال :المبادرة من أجل التغيير ،فمنذ البداية قلنا ان كون الجبهة حركة ثورية حددنا أهدافها في تغيير واقع الاستعمار بالاستقلال, وتغيير جميع الأنماط السابقة عليها لدى المجتمع الصحراوي فتصبح أي حركة صحراوية باسم التغيير ,ونسطر هنا تحت كلمة التغيير , كنقيض للجبهة هي انقلابا على كل هذه الأهداف وبالتالي هي انقلابا على المشروع الوطني لأنه ليس من قواعد المنطق فيما نعلم أن يصحَّ الأمر ونقيضه في آن واحد,وقد

سردنا في محاضرة سابقة لمجموعة من الأطر الصحراويين , أن المبادرة تكون شرعية لو كانت مجموعة إصلاحية داخل إطار الجبهة إذا سلمنا جدلا بأن الحركات تضعف وتمرض وأن التقوية والتطبيب مستحبتان أو واجبان وأن نفي الحركة الثورية بواسطة نقيضها لا يمكن إلا لهدف نفي المشروع الوطني وقد أخذنا على سبيل المثال المبادرة لأنها كانت اقرب هذه الحركات إلى تصور الصحراويين باعتبار ان بعض مؤسسيها كانوا اصلا مناضلين في الجبهة.

وإذا أخذنا كمثال هذه الحركة الجديدة المعلنة اليوم تحت إسم صحراويين من أجل السلام فلن تحيد عن القاعدة العامة ولن تستثنى من الحكم أي حركة انقلاب على المشروع الوطني،وإعاقتها الأولى هو إسمها الذي يعتبر خيانة للشهداء الذين أسسوا لمشروع الحرية بامتشاق البندقية والذين أثروا الوطن على النفس وقالوا بمبدأ احد الخيارين: كل الوطن, أو الشهادة ، إذا لا حظنا أن شعار هذه الحركة إذا صح التعبير لأنها لا تتوفر على أوصاف الحركة

ولا الإطار، وهو :سلام ،عدالة ،وفاق :كشعار أي جمعية من المجتمع المدني الأوروبي لا يحتمل أي عمل سياسي لاضمني ولا معبر عنه بل أتساءل ما الفرق بينها وبين جمعية صحراويين من اجل حل في الصحراء الغربية وهي جمعية مغربية ؟! ما الفرق بينها وبين الجمعية الصحراوية للحكم الذاتي وهي جمعية للمخابرات العسكرية المغربية؟! وهلم جرا ما اقصده هو أين هي الإشارة إلى الإستقلال؟،اين هي الإشارة إلى الدولة الصحراوية في الشعار؟،على الأقل،أين هي الإشارة إلى تقرير المصير ؟ وهو ليس مطلب للشعب الصحراوي بقدر ماهو حل قانوني يفرض نفسه على الأمم المتحدة ,لأن مطلب الشعب الصحراوي هو الاستقلال التام, مهما أخذنا بعين الإعتبار ميثاق الأمم المتحدة وحق الشعوب في تقرير مصيرها وفي الإستقلال وهو الحق الذي مارس الشعب الصحراوي المبدأ الأول منه عندما أعلن عن الجمهورية العربية الصحراوية الديمقراطية والتي اصبحت عضو مؤسس في المنظمة القارية أي أصبحت حقيقة لا رجعة فيها ،يناضل الشعب الصحراوي لانتزاع

المبدأ الثاني من تقرير المصير الذي هو اختيار شكل الحكم الذي يرغب في العيش في ظله واستكمال بسط السيادة على المناطق المحتلة والسليبة والثروات الطبيعية وهنا لابد ان نعود الى الوصف الثاني من حركة الفتح الشاملة وهو :

عشرون ماي ،ورغم أن الجبهة أعلنت في العاشر ماي لسنة 1973 إلا أن الثورة سميت بالعشرين ماي تاريخ إطلاق أول رصاصة في عملية الخنڭة ,وحملت اسمها الثورة للدلالة على أهمية المقاومة المسلحة و إشارة إلى أن عهد المطالب السلمية قد ولى وهو ما يزيد برهانا آخر على ما اسلفنا حول تغيير جميع الأنماط السابقة ومن وجهة نظر أخرى على عدم شرعية ولا أهمية هذه الحركات التي لا يقصد منها العدو إلا استغلالها الإعلامي لتحييد الأنظار عن أزماته وهاهو يستعملها اليوم للتغطية على مطلب الحملة العالمية لأطلاق سراح السجناء السياسيين الذين أقتيدو إلى محاكم غير شرعية،و حوكموا بأحكام ظالمة بسبب مطالبهم بتطبيق القانون الدولي وقرارات الأمم المتحدة الخاصة بحق الشعب الصحراوي

المقدس في تقرير مصيره وفي الإستقلال......

إن دخول الجبهة في مسلسل السلام ،خاصة ما يخص منه وقف إطلاق النار يعتبر عملية رجعية باعتباره رجوع إلى شكل من أشكال مطلب الاستقلال كان سائدا قبل عشرين ماي 1973، طبعا لا أريد أن أدخل في نقاش الأسباب والمسببات الشروط الذاتية والموضوعية التي أدت ذلك رغم أني لا أنكر وجودها : لأنه إذا أمكن فصل الأسباب عن مسبباتها فلا علاقة بين النار واحتراق الأجسام، ولكن كمناضل في الجبهة الشعبية لتحرير الساقية الحمراء وواد الذهب :أتمنى أن ينجح خيار مراجعة التعاطي مع عملية السلام التي ترعاها الأمم المتحدة والتي أصدرت الجبهة بيانا بشانها بعد القرار الأممي الأخير وتمت تزكية القرار من طرف القواعد الشعبية في المؤتمر الخامس الذي انعقد بمنطقة تفاريتي المحررة.

إذن حينما يكون التعاطي مع مسلسل السلام هو أكبر خطأ واكبر كبوة رجعية في تاريخ ثورتنا المجيدة ،وهو ما نرى الجبهة الشعبية

لتحرير الساقية الحمراء وواد الذهب بصدد إصلاحه والدفع نحو وقف التعاطي مع هكذا توجه في إشارة واضحة إلى التزامها بالخط التحرري وعدم التفريط في مبدأ الإستقلال التام، فكيف تطلع علينا اليوم مجموعة شعارها :سلام ،عدالة، وفاق ،منسلخة مبتعدة عن كل ما يمكن أن يكون في دائرة اهتمام الصحراوي عامة والمناضل خاصة.

.ما يهمنا هنا ليس هو عرض هذه الحركات الفاشلة ,ولا تحديد أسبابها ومجال تأثيرها لأنها لم تنتج عن عوامل واقعية أدت إلى ظهورها ,وهي فقط أو على الأقل في غالبيتها ينتجها المحتل في محاولة يائسة لخلق تنظيم موازي للجبهة ،لأن النظام المغربي دخل مسلسل السلام ,الذي ترعاه الأمم المتحدة في الصحراء الغربية, وهو بدون إرادة سياسية لحل النزاع بالإضافة إلى أنه ليس سيد قراره السياسي باعتباره إحدى الدول الموقعة على نظام التعاون مع فرنسا ويخضع للاستعمار الجديد ما يجعل السياسة الفرنسية هي مهندسة السيناريو في الصحراء الغربية ومتورطة فيه في حالتي السلم

والحرب ،ولعل بعض الدول الفرنكوفونية الموقعة كذلك على نظام التعاون الذي يحقق لفرنسا نفس الأهداف التي كان يحققها الإستعمار المباشر تستعمل في المنظمة القارية والأممية والعلاقات الثنائية من أجل إعاقة إستقلال الصحراء الغربية (فتح قنصليات بالأراضي المحتلة= إنتهاك القانون الدولي في مبدأ السيادة) ولكي نفهم السيناريو نستحضر معارضة مجموعة برازفيل لإستقلال الجزائر سنة 1960 . 1961 في شهادة المؤرخ البوركينابي ياكوبا زيربو. وليس هذا خيارا بسيطا في السياسة الخارجية للدولة الفرنسية بقدر ماهو تعبير عميق عن هياكل وأدوات الإستعمار الجديد والإستبداد الفرنسي بالثروات الأفريقية وهو ما تجلى في الممارسة في الضغط الفرنسي على الاتحاد الأوروبي، وتوريطه في انتهاك القانون الدولي والقانون الأوروبي على السواء،بتوقيع اتفاقيات أورومغربية لا تحترم الوضع القانوني للأجزاء المحتلة من الصحراء الغربية واحترام مبدأ السيادة وهو ما سيشل مستقبلا قدرة القانون الدولي على ضمان أمن التبادلات التجارية عالميا ولعل أكبر دليل

على هذا :احتجاج إسرائيل على أوربا ومطالبتها بإدماج الأراضي الفلسطينية في معاهدة مثل معاهدات المغرب التي تضم أراضي الصحراء الغربية على حد زعمها...

ومن هنا نفهم مسألتين أساسيتين:

أولهما أن عدم حصول أي تقدم في ملف تصفية الاستعمار في الصحراء الغربية لا ينتج فقط عن الفيتو الفرنسي بل كذلك عن تأثيرات خضوع الدول الموقعة على نظام التعاون الفرنكوافريقي الذي هو أساس الإستعمار الجديد لأن فرنسا تستعمل كل الدول الخاضعة للاستعمار الفرنسي الجديد من أجل شرعنة احتلال المغرب للصحراء الغربية وتصطدم هنا بوضوح القانون الدولي ومجموع القرارات التي تؤيد حق تقرير مصير الشعب الصحراوي, ومع الإتحاد الإفريقي نفسه ،وإرادة الأفارقة في التحرر,من هنا الحاجة إلى إطار سياسي صحراوي يتفاوض على الحكم الذاتي ويقبل بالإنضمام للمغرب ما دامت الجبهة متمسكة بالاستقلال التام على طريقة استقلال الجزائر عن فرنسا......

وثانيهما أن الجبهة الشعبية لتحرير الساقية الحمراء وواد الذهب أصبحت قادرة ومدعوة إلى نهج تكتيك جديد واستراتيجية متقدمة لحسم المشروع الوطني وعدم الإنتظار خصوصا مع المؤشرات الجديدة لعلاقة فرنسا بإفريقيا في المستقبل القريب بعد جائحة كورونا ومخلفاتها والصراع المتنامي بين المستعمر الفرنسي والشباب الإفريقي الرافض للنهب الممنهج للثروات الطبيعية الإفريقية

السؤال الذى يفرض علينا نفسه من خلال هذا النسق التحليلي هو :ما العمل للخروج من هذا الوضع؟ واعتقد ان هذا السؤال لن يجد جوابا ،في الوقت الذي يستطيع أن يجد آلاف المحاولات. ولكن أظن أن الجبهة بتجربتها الغنية مهيأة وبكل مكوناتها وخصوصا التنظيم السياسي أن تنتج نوع الخطاب الثوري الذي تضمن من خلاله خلق ديناميكية جديدة لتحصين المناضلين وشحد الهمم ،ودراسة الواقع وبناء تصور المرحلة القادمة التي ربما تكون مرحلة الحسم بناء على الأمور الحتمية الوقوع، والمتغيرات التي يحملها الواقع الجديد

وتوجيه النضال الحقوقي والنقابي لكي يكون نضالا سياسيا، ومعنى ذلك توجيه كل أشكال الصيغ النضالية والاحتجاجية لأن تكون ضد الإحتلال أي تأخذ صبغة وجوهر النضال السياسي ، لأن كون النضال الحقوقي والنقابي يصبو إلى تحقيق ملفات مطلبية في ظل إدارة الإحتلال المفروضة عليه بالقوة يصبح تشريعا للاحتلال أكثر مما هو مساهمة في عملية التحرير

اعتقد ان نقطة الانطلاق لدراسة أي ظاهرة في الواقع هي تحديد موضوع البحث ومكانه وزمانه بمعنى المرحلة التاريخية التي حددناها سلفا بمرحلة اللا سلم, واللا حرب ويكون الكلام موجه هنا للذين اصبحت لهم فكرة عن هدف الكتابة ومناهج البحث ومبدأ التحليل العلمي الواقعي ,من أجل نقل الوعي الحقيقي بالواقع إلى الإدراك الذاتي الجماعي, ومسايرة التغييرات التي طرأت على واقع ثورتنا المجيدة، ومسار تطورها التاريخي الطبيعي ,باعتبار شروطها الذاتية والموضوعية, في كل مرحلة مرحلة.

ومثل هذه الأطروحات خصوصا يجب أن تكون موضوع بحث

الأطر الصحراوية ويجب ان تجد فضاء متخصصا لنشرها بعيدا عن المواقع الصحفية والإخبارية المستعجلة , المتهافتة على الجديد ذو الطابع الاستهلاكي الناتج عن طبيعة عملها وكونها لسان جهات سياسية تعبر عنها وليست لنشر الدراسات العلمية المتأنية التي تدرس واقعنا الإجتماعي والمشاكل الخفية داخله ،وهي المشاكل الغير قابلة للملاحظة البسيطة وتسليط الضوء عليها وفك الغازها، ولكي نساهم وبشكل فعال في تحصين المناضلين من الإنزلاق إلى مواطن الفكر الرجعي والوعي الزائف لواقع المشروع الوطني لابد من هذه النظرة الواقعية والعلمية العميقة إلى كل الأدوات التى يستعملها العدو في معركته الديماغوجية ضدنا،كي تكون تفنيد جدي وجذري وتستطيع أن تجد البراهين العقلانية لاستيعاب هجماته ودراستها ودحضها وتفكيك دعائمها.ولا شك أن ملاحضة هذه المجموعة من المنزلقين إلى موقع الفكر النقيض بل الذين تحولوا في وقت وجيز من مدافعين عن الشعب الصحراوي وعن القضية ومن منتقدين عدم عودة الجبهة إلى الحرب مثلا (وهو ما يمكن أن يفهم كموقف

راديكالي تحرري) ،تحولوا وبسرعة إلى مدافعين عن طرح الإحتلال في أروقة الأمم المتحدة ولدينا أمثلة

عملية السقوط السريع في الخيانة تعني أساسا عدم توفر الساقط على مبادئ قوية تحصنه من الرذيلة والجريمة التي هي الخيانة ....، لأنها في كل القوانين جريمة ضد الوطن ،وفي كل الديانات امتزجت باللعنة وفي القواميس الأخلاقية :سلوك لا يغتفر لمرتكبه .... والمبادئ القوية لا يمكن ان يكتسبها الإنسان إلا بوعي حقيقي يصدر عن فكر علمي وطني يعكس الحركة العامة للمجتمع ويحمل جوهره إيديولوجيا موجبا يرسخ الثوابت الوطنية وينفي غيرها , هذا الوعي ينتج عنه أن ارتباط مصلحة الإنسان بوطنه ,هو نفسه إرتباط مصلحة الإنسان بمصير الإنسانية ..

و لأن الإنسان يشكل ما يحيط به ويعتبر جزء منه،ولأن تعارض المصلحة الشخصية للفرد مع مجتمعه ليس امرا سليما, ولا منطقا معقولا، يصبح لزوما على الدارس بحث الوعي الذي يخلق هكذا تعارض ،وبحث الواقع كذلك باعتبار الجدلية القائمة بين الفكر

والواقع،و استشفاف ماهية الشئ الذي ينتج هذه الفئة التي تتحول من الراديكالية في النضال إلى الرجعية ،إذا سلمنا جدلا بصدقهم في الطرح في كلتا الحالتين ،وهو ما يبدو احتمالا ضعيفا.

ولا بد ان نشير هنا إلى أننا عزونا سقوطهم في الخيانة إلى عدم التزامهم بالمبادئ, ولكن بدون برهان وبدون بحث العلاقة بين المبدأ والوعي ،وهو أمر لابد لنا منه خصوصا ونحن نحاول نقل الوعي الحقيقي بالحقبة التاريخية إلى الإدراك الذاتي الجماعي للمجتمع الصحراوي.

يصف كثيرا من المهتمين مسألة الخيانة بالطبيعية فقط لأنها تحدث في كل الثورات،وتوصف من وجهة نظر سياسية بأنها النفعية والبراكماتية ،ولكن إذا ركزنا على مبدأ توافق مصلحة الفرد مع المصلحة العامة لشعبه : فالخلل يكمن فقط فيما مدى وعي الأفراد داخل المجتمع بهذ التطابق ،أو عدم وعيهم به ،وعدم وعيهم به يعتبر بداية الشك وبعد ذلك التسليم بتنافر هذه المصلحة ،وهذا هو ما عبرنا عنه في المقام الأول من هذا المبحث, بخلخلة المرتكزات

الفكرية ،ولكي لا يكون كلامنا هنا فكر مجرد, سنأخذ على سبيل المثال (خط الشهيد) أو (المبادرة) أو هما معا.

تبدأ هذه الحركات واضع الحركات بين قوسين ورغم صغر قاعدتها الجد محدودة، بوصف نفسها كراع لِلمشروع الوطني وحقوق الشعب الصحراوي وتنتقد الجبهة بالتقصير فيه مستعملة في ذلك نفس الخطاب الديماغوجي الذي يستعمله الاحتلال للنيل سياسيا من الجبهة ،والتطابق في الوسائل والأدوات بين الاحتلال وهذه الحركات يؤدي حتما إلى وحدة النتائج ومن هنا فقط يمكننا تعرية هذه المجموعة من المتسلقين و اصطفافهم مع الإحتلال على مستوى الخطاب السياسي

وهنا لا بد أن أعرج على رئيس المبادرة فقط كمثال لأنني لا أحب شخصنة الأمور ،وليس فقط لأنه أبان عن إخفاقه في فهم الصيرورة الموضوعية التاريخية لتقدم المشروع الوطني وضرورة انتصاره كي يكون للتاريخ معنى التطور الإيجابي أو الإرتقاء،وليس أيضا، لأن رئيس المبادرة يعاني تغربا وانفصالا عن النسق العام ،والإيمان

الحتمي والعام للشعب الصحراوي في التحرر ،بل لأن الحاج احمد مع كامل احترامي لشخصه (وأنا لم ألتق به قط ولا أعرفه مباشرة) وفي أولى خرجاته الإعلامية وقد كنت متعطشا لسماعها :رمى الجبهة الشعبية لتحرير الساقية الحمراء وواد الذهب بأنها تحولت من حركة تحرر إلى حزب سياسي ،وأنا أتساءل هنا هل يا ترى حركة بشعار :سلام، وفاق ،عدالة, يمكن أن تصنف كحركة تحرر ؟؟؟؟؟ أو كبديل للجبهة التي يحمل تسعة وتسعين في المئة من شعارات مؤتمراتها كلمة كفاح أو كفاح مسلح ؟؟؟؟

طبعا لن اجيب عن هذين السؤالين كي لا اكون عابثا ،ولأن شرح الواضحات من المفضحات ،ولكن اريد ان اشير إلى كون إعلام المخابرات المغربية هو أول وآخر من هلل لكلمة رئيس المبادرة ورحب بها لانها قالت ما كانت جريدة هيسبريس تريد قوله وهو ما يحتاجه النظام المغربي في هذه الآونة لتغطية ازماته و مواصلة سياساته في الهروب إلى الأمام ،بل الأخطر من ذلك نكتشفه حينما نسلط الضوء على الغباء السياسي الذي تمتع به الحاج أحمد

الذي أعلن المبادرة وارتمى في حجر الحزب الاشتراكي الإسباني وأعلن حركة صحراويين من أجل السلام وارتمى في حضن هسبريس..........

من حيث الجوهر, كل ما ينطبق على المبادرة ينطبق على (خط الشهيد) والبونس وغيرهم.... ويختلف شكلا دور كل واحد منهم حسب الحقبة التاريخية وما تتطلبه وما يرضي المستعمر بالنسبة للبعض وما يرضي الإحتلال بالنسبة للبعض الآخر .

وكلهم يجتمعون على ممارسة خطاب تشكيك يتناقض مبدئيا مع مبادئ الجبهة الشعبية لتحرير الساقية الحمراء وواد الذهب ،خصوصا ،مبدأ حتمية النصر

الخطاب لا يؤمن بحتمية النصر خطاب الشك, وهو نفس خطاب الإحتلال وكأن ثورتنا محكومة بزمن معين وهو وعي خاطئ ,وهذا هو حقيقة ما نقصده حينما نقول الإنزلاق إلى مواقع الفكر النقيض لأنه لا يمكنك ان تقاوم احتلالا ،انت تفكر مثله وحدو وعيك هو الذي رسمها لك ,فقط لأنك في هذه الحالة : مسلوب الإرادة ,ففي

فكر الجبهة، وعلى لسان الشهيد محمد عبد العزيز رحمة الله عليه يقول: أجيال تتلاحق على هذه القضية حتى انتزاع النصر, بمعنى أن الزمن يمتد إلى أجيال وان النصر منتزع، وليس ممنوح، فالثورة الفرنسية مثلا نجحت بعد سبعين سنة ,أقل بقليل من قرن ولذلك نعتبر نسبية الزمن ولا نقلل من أهميته ونؤمن بحتمية النصر كمبدأ ،أما عن نقدهم لنا وقولهم باننا نفلسف الأمور فهو تعبير عن قصور فكرهم دون اعتبار أن الفلسفة هي اساس تطور الفكر ،او يختزلون الفلسفة في السفسطائية او ينكرون ان هناك فلسفة علمية تدرس العملية التاريخية وفق شروط ذاتية وموضوعية محددة في مكان وزمان محددين ,وهو ما يضمن اقصى حد من العلمية باعتبار نسبية العلوم الإجتماعية وكل ما ذكرناه في مقدمة هذا المبحث (المشروع الوطني), ولكن يبدو أن مشكلة القراء بشكل عام في المجتمعات الألف بائية هو افتقارها لعادة الحوار التفاعلي واستخدام آليات التحليل والنقد واستيضاح الحقائق التي تمكن من دحض الوعي الزائف الذي هو سبب الانزلاق إلى مواقع الفكر

النقيض .

وحينما نتكلم عن الإحتلال المغربي يجب أن يفهم من كلامنا أننا لا نتكلم عن الفئات العريضة من الشعب المغربي الشقيق ,ولا عن المناضلين المغاربة الأحرار الدين يقدمون التضحيات ويملأون السجون من أجل تحرير المغرب وقد رأينا منهم منظمات ومؤسسات حزبية وأفراد يساندون حق الشعب الصحراوي في تقرير المصير وهم يشكلون المعارضة الحقيقية في المغرب ويؤمنون بأن مبدأ الحرية والإنعتاق ينسجم مع الطرح والمبدأ ولا تهمه الأرضية.

حينما نتكلم عن الإحتلال إنما نتكلم عن التحالف الطبقي المسيطر على المغرب والمتكون أساسا من الكمبرادور (أي القصر وحاشيته) والتكنوقراطية العسكرية والطبقة الغنية المسيطرة على الاقتصاد والمرتبطة أساسا بالخارج وبفرنسا على وجه التحديد وهم من يسمون بالطبقة الكولونيالية اي المرتبطة بالاستعمار الجديد

هذا التحالف هو وسيلة الإستعمار الفرنسي ليس فقط في السيطرة على المغرب بل أيضا في إحتلال الصحراء الغربية ،وتقوية النفوذ

الفرنسي في منطقة الساحل وتسهيل السيطرة الفرنسية على الثروات والموارد الطبيعية الإفريقية خصوصا في منطقة الساحل ،إذن حينما نهاجم الإحتلال بوصفه هذا فإننا نعمل على تحرير الصحراء الغربية والشعب المغربي وتحرير الثرات والموارد الطبيعية الإفريقية من الهيمنة الفرنسية وهذا هو ما قصده الشهيد محمد عبد العزيز حينما قال : صحراوي في أي مكان ارفع راسك عالي شعبك وثورتك يحقق مهمة حضارية عالية في هذا العالم.

إنطلاقا مما سبق نفهم الأبعاد العالمية للصراع وحرص فرنسا على عرقلة وتعطيل استقلال الصحراء الغربية كجزء من خطة استعمارية شاملة تستهدف كل شمال إفريقيا ومنطقة الساحل.

إذن الجبهة كحركة تحرر قاومت في المرحلة الأخيرة من العهد الإمبريالي وعلى طول مرحلة الاستعمار الجديد تكون كسبت من التجربة ما يؤهلها للعب الدور الطلائعي لمقاومة الإستعمار في هذه المنطقة ولكن هذا يتطلب عملية تقوية ذاتية وبهذا نكون وصلنا إلى نتيجة اولى اساسية هي ضرورة مراجعة فكرية شاملة ينتج

عنها خلق قوة ثورية رائدة وخطاب سياسي تحرري واعي يخدم المرحلة ويفند هذه الهجمات التي تحاول ان تكرس واقع الإحتلال وتصفه بالواقعي وتحاول جر الأمم المتحدة إلى القفز على حق الشعوب في تقرير مصيره وهو ما يشكل تهديد سافر للسلم والأمن الدوليين حسب مرجعيات القانون الدولي أما الواقعين تحت الاحتلال فالدرس الذي علمنا التاريخ هو امتشاق البنادق لتحرير الأوطان.

الخطاب السياسي ومسألة الوعي

ليست هناك حاجة إلى القول بأهمية الخطاب السياسي كوعي ذاتي جماعي بالحقبة التاريخية وأداة لدراسة الواقع واستنباط القوانين وتشكيل مجموع الآراء السياسية التي توجه المشروع الوطني،لأنه ليس فقط لسان التنظيم السياسي ،بل عقله وروحه،

ونحن هنا, وبعد ما قدمنا مسألة الفكر, والفكر النقيض في محاولة لرسم الحدود الفاصلة ،بين خط الثورة الصحراوية, فكرا وممارسة, وبين الإنزلاق إلى مواقع الفكر النقيض .

أصبحنا ملزمين ،بدراسة الخطاب السياسي: عوامل تطوره،كيفية إنتاجه ،مصادره المعرفية،وهل الجوهر الإيديولوجية أصيل في المعرفة ام مضاف إليها ؟

وقبل أن نبدأ بتفكيك هذه الأسئلة, لا بد أن نشير إلى أننا نقصد تحديدا المفاهيم المستعملة بمعناها المفاهيمي وليس الاصطلاحي، فالإيديولوجيا مثلا وهي المعروفة اصطلاحا, بعلم الأفكار، فهي في المعنى المفاهيمى تنقسم إلى أيديولوجيا إيجابية :جوهر خطابنا

السياسي, وإيديولوجية سالبة هي جوهر الخطاب السياسي المعادي ويتبين مما سلف أن المعنى المفاهيمي للأيديولوجية هو الإنتماء إلى الفكر العلمي أو إلى الفكر النقيض مما يصبح على مستوى الممارسة :أن الخلايا والفروع والتنظيمات بجميع اشكالها وحتى الجمعيات المدنية يتحدد انتمائها و اصطفافها إلى جانب المشروع الوطني اولا بممارسة خطاب التنظيم السياسي،وثانيا بالإنتماء الصريح إلى الجبهة الشعبية لتحرير الساكية الحمراء وواد الذهب تعتبر جميع المعارف ،الفلسفة والآداب, والفنون ,والسينما ,والمسرح ,والعلوم الإنسانية, والعلوم الحقة ,والدين ,مصدر للجوهر الإيديولوجي المكون الأساسي للخطاب السياسي

من هذه المعارف ما هو وطني صرف, ومنها ما هو عالمي بحكم عالمية الحضارة والمعرفة كإنتاج إنساني،وإذا كان الأمر كذلك وقد سلمنا جدلا بان احد ادوار التنظيم السياسي هو إنتاج الجوهر الإيديولوجي للخطاب السياسي،وابرازه،وقولبته في أراء سياسية محددة ،تشكل لاحقا قاعدة الوعي الجماعي، حينما تصل إلى

العامة عبر وسائل التواصل المجتمعي في العملية المعروفة قديما , بتثقيف الجماهير، ومهما بدأت هذه الفكرة سليمة إلا أنها ناقصة فعلى الرغم من أنها تساعدنا على فهم ما يجري في الواقع إلا أنها لا تشمل كل جمهور المبدعين في الحقل الفكري : الأديب ,والفيلسوف والفنان التشكيلي, والطبيب ,وغيرهم ،ممن ينتجون حقيقة الجوهر المعرفي وبما أن القائمين على التنظيم السياسي يشكلون عددا من هؤلاء المبدعين،وبما ان التنظيم السياسي يملك أدوات إيصال المعرفة إلى العامة أو على الأقل يجب أن يمتلكها ،فهو يمارس الرقابة على الإنتاج الفكري ,وتقويمه ليصبح ملائما للمشروع الوطني ،ويجعل غالبية الشعب توافق عليه وتتبناه , وهنا تبدأ ممارسة السلطة على الإنتاج الفكري وتمتد إلى جميع حقول الإنتاج المجتمعي.لا شك أن هناك من يجادلني في مسألة الرقابة والتقويم ،وتكمن ضرورتها أي الرقابة في كون هذا الوعي الزائف الذي هو المكون الأساسي للغزو الثقافي، وإفساد الوعي, يتسلل دائما بين هذه المعارف خصوصا منها الأفكار الرجعية الباكية على أطلال ما قبل

الثورة، أو التي تحمل المخملية الإيديولوجية للغة تلك الأفكار الساذجة البريئة في ظاهرها المسمومة في باطنها، بمعنى أن عملية الرقابة والتقويم فرضت على التنظيم السياسي من خلال الصراع الإيديولوجي المفروض عليه,كما فرض على البوذية أن تتحول إلى دين، في صراعها مع الأديان الأخرى، وقد كانت مجرد تعاليم فلسفية.

(يبدو واضحا تماما أن المتمرد هو أحد هؤلاء المبدعين الذين يشاكسون هذه الرقابة:فإذا كان يعارضها من داخل التنظيم ولكنه يمتثل لها ويعتبرها ضرورية لصيانة المشروع الوطني من الإيديولوجيا السالبة فهذا هو المعارض _ المصلح ،ويعتبر مشاركا رائدا في عملية إنتاج الجوهر الإيديولوجي الموجب لخطابنا السياسي،أما إذا كان هذا المتمرد لا يمتثل لهذه الرقابة, ينتج خطابا نقيضا يصطف من خلاله مع خطاب العدو فهذا يسقط في خيانة المشروع الوطني سواء بشكل مدبر ومُعَدُّ سلفا مع العدو ، أو المعارض الذي يمارس وعيا زائفا بحقيقة الواقع وتجافي افكاره

الضرورة التاريخية،وفقط لأنه ينزلق إلى مواقع الفكر النقيض بشكل لا واعي ,لتلقية جرعات من إشاعة الغموض حول الواقع الإجتماعي ومن الدعاية المغرضة وما إلى ذلك،ويعتبر هذا النوع حتى أخطر من النوع الأول لأنه يخدم أجندة الإحتلال بالمجان.

من خلال ما سبق يبدو أن الجوهر الإيديولوجي هو موجود اصلا في المعرفة وينتج معها وهو أحد خصائصها وهو ما يعزز لدينا القول بأن المعرفة تنتج للحاجة لها، وهو ما يدعم ايضا جدلية العلاقة, بين الفكر كوعي يعبر عن الواقع ويعكسه على مستوى الإدراك ،وبين الواقع الذي يتكون أساسا من جميع المتغيرات أو النشاط اليومي لأفراد المجتمع . ولكن تأويل الجوهر ، وإعطائه شكل أدبيات التنظيم السياسي هو إلى جانب كونه خطابا سياسيا هو حقيقة انعكاس ومؤشر للتطور التاريخي الطبيعي للشعب،بكل أفراده, كل في مجال تخصصه،ينتج المعرفة من الواقع الإجتماعي، وينتج الواقع الإجتماعي من المعرفة،طبعا ليس ببساطة هذه الجملة ،لأن العملية هائلة ومعقدة ،ولا يمكن إخضاعها للتحليل العلمي إلا

في اجزائها المنفصلة عن بعضها.

وإذا أخذنا على سبيل المثال الجيل الأول لهذا المشروع الوطني ,وكيف استطاع أن يحدث اغراض جديدة للآداب المعروفة قديما ,ندرك بشكل قطعي أن أسباب النجاح تكمن في إنتاج خطاب سياسي وطني ،ثوري،علمي ،وواضح،فمثلا انتقل الشعر الحساني من أغراض المدح والهجاء والرثاء وهلم جرا, إلى غرض آخر وهو تمجيد الثورة والتغني بها (الثورة زينة وانا ويلالي في الأغنية،أو رسم صورة المقاتل وأدواته في شعر مجموعة من الشعراء كالمرحومين بادي محمد سالم و بيبوه ولد الحاج, اي اصبحت هذه المعارف تعبر عن الواقع الجديد وتعكسه في الإدراك الذاتي الجماعي دعما للمشروع الوطني وتعبيرا عن آماله. وهو الشئ الذي جعل من هؤلاء الأدباء والفنانين : شخصيات وطنية. هذه الآداب كجزء من الوعي الذاتي الجماعي, كأدوات للتوعية والمرافعة تحتاج إلى مجلد لدراسة خصائصها والواقع الذي أنتجها و كونها تعبيرا عن العملية التاريخية في ظروف غير طبيعية تجسد عمق الارتباط بين الفكر الصحراوي

الواعي والإبداعي الحسي وبين عملية التغيير الشامل أي الثورة ،والتضحيات التي فرضتها عملية المقاومة ،كرد فعل على الإعتداء في جملتها..

علينا حقيقة, أن نفرق بين الثورة : تغيير شامل للمستويات الفكرية والإنتاج المجتمعي وبين المقاومة التي هي رد فعل موجه لردع المعتدي الخارجي..

،كما في الأغنية الوطنية :على سبيل المثال لا الحصر ،أغنية الصحراء ماتتباع والوظائف الإيديولوجية لهذا الأدب المحلي الذي يعتبر تجربة خاصة للنهوض الفعلي بالمعرفة الوطنية للتعبير عن الواقع الجديد.

هناك مجال آخر للانفتاح على المعرفة العالمية وتوظيف جوهرها الإديولوجي، خصوصا ما يتلاءم منها مع المشروع الوطني، فمثلا اعنية الفقيدة مريم منت الحسان :حيو يالثوار، تأتي على ذكر مفردات من الآداب الثوري العالمي :والاشتراكية،والتقدمية و الرجعية،والإمبريالية. ومن خلال هذا المثل نبرهن مقولتين سالفتين

في هذا المقال.

أولهما أن الجوهر الإيديلوجي لخطابنا السياسي ننتجه من المصادر الفكرية او المعرفية المحلية والعالمية على السواء ولكن بشكل انتقائي، لأنه قد نجد هناك قصيدة شعرية حسانية تكسبية تمجد الديكتاتور او الإحتلال.

وثانيهما أن استعمال الجوهر الإيديولوجي للآداب الثوري العالمي يحدد اصطفافها إلى جانب الثورة العالمية وحركات التحرر العالمية ويعزز ماقلناه ان من يستعمل الخطاب المعادي في نقد المشروع الوطني فهو يصطف إلى جانب العدو .

وخطاب العدو هذا الذي يجب أن نسلط عليه الضوء كمساهمة في توعية الجماهير هو نقيض التحليل العلمي - مبدأ من المبادئ الستة عشر - وهو ما سميناه الجوهر الإيديولوجي السالب الذي ينقل إلى الإدراك الذاتي الجماعي وعي زائف حول واقع المشروع الوطني بإشاعة الغموض حوله عن طريق الدعاية المغرضة وتشويه الرموز،وإشاعة الأخبار الكاذبة.... ووسائل أخرى جد متطورة تنقل

عن طريق الصوت والصورة أو السمعي البصري صورة ونموذجا مغلوطا عن الواقع الإجتماعي وبالتالي وعي زائف حول هذا الواقع إلى لا وعي المتلقي :ويركز هذا النموذج على التفسخ الأخلاقي وضرب الهوية عن طريق الغزو الثقافي وخلق نسخة غير اصلية من الثقافة الصحراوية وإنتاج خطاب زائف لخلق رأي نقيض للمشروع الوطني, يحمله المغتربين فكريا والذين يدافعون عن الوطن بخطاب الإحتلال.

حقيقة يتعين علينا أن نجيب بأنفسنا عن الأسئلة المطروحة علينا حاليا وحل المعضلات التي تواجهنا لتقويم اي اعوجاج يمكن أن يطرأ علينا بفكر علمي ونقد صريح ،ولكن قراءة علمية في تجربة الجيل الأول ستساعدنا على فهم مرحلة مهمة من مراحل التطور التاريخي للشعب الصحراوي و تساعد على فهم إشكاليات الحاضر ومعالجة المشاكل.

تصيبنا الحيرة عند طرح السؤال إلى من نعزي المردودية الهائلة للجيل الأول للثورة باعتبار جدلية الفكر والواقع: هل إلى الواقع

الإجتماعي أو إلى عبقرية الشهيد الولي ورفاقه ؟؟؟؟

ترتبط ،عبقرية الزعيم السياسي بمدى معرفته الدقيقة بكل، أوجل هذه المصادر المعرفية التي تغني الخطاب السياسي ،بل ترتبط كذلك بقدرة العبقري على إنتاج الأدلة والبراهين التي لم يتعلمها من أحد هذه الأدلة والبراهين الخاصة هي أكثر إقناعا للناس وهي كذلك الدليل على العبقرية.

ولا شك أن عبقرية الشهيد الولي رحمة الله عليه تتجلى بالخصوص في موافقة أفكاره الشخصية للضرورة التاريخية وقدرته على التعبير عنها،في وقت لم يكن غالبية الناس حتى واعين بهذه الضرورة.

وقد كانت للشهيد الولي رحمة الله عليه قدرة استثنائية ،ليس فقط على فهم الإيديولوجية السالبة وتحليلها علميا ودحضها بل كذلك على قراءة الإيديولوجيا الإيجابية السائدة عالميا واستغلالها في التوعية من جهة وفي التحالف من جهة اخرى ،وهذا يجسد قدرته الإبداعية في مضمونها الإجتماعي والسياسي ،وهي صفات العبقرية التي تنتج عن فهم الذات للواقع فهما عميقا وتتخلص من

ضغطه،حيث كرس كل طاقاته ،وحماسته الهائلة وجعل وعيه يشتمل كلية على بناء المشروع الوطني،وأن أفعاله تجاوزت حدود الوطن إلى تطوير علاقات على مستوى العالم.

ليس هناك من يستطيع أن يجادلنا بأن عبقرية الشهيد الولي مصطفى السيد رحمة الله عليه كبرت بالقدر الذي كانت تعبر به عن الأماني الدائمة للشعب الصحراوي، ويتقدم الشعب الصحراوي بما في ذلك الشهيد الولي ورفاقه في التنظيم إلى ما وراء حدود زمانهم ،لأن التغيير الذي قاموا به في المضامين الاجتماعية والسياسية كان من الشمولية والقوة بالقدر الذي فرض على العالم الإنتباه له.

كان الشهيد محاطا بجيل من الرجال والنساء لم يكتفو بتبني الوعي السائد بل كانت لهم الشجاعة الكافية من أجل فرض قناعاتهم.

ونحن اليوم نؤمن إيمانا عميقا بأن الشهداء الميامين كانوا ينظرون بعين الحق .

ولكننا اليوم مدعوين إلى الإستمرارية في نهجهم، وعلى مبادئهم

،في تطابق تام لوعينا مع الشروط التاريخية الراهنة والتعبير عنها بمفاهيمنا العلمية،وإنتاج خطابنا السياسي الصحراوي المعاصر.

ووعيا منا بأهمية الموضوع وبتغير الشروط التاريخية ،وعلاقتها المباشرة بمضمون وشكل الخطاب الصحراوي باعتبار المتغيرات على الساحة الوطنية وكما اسلفنا,

لا نستطيع كحركة تحررية من جهة ،أو كدولة من جهة اخرى , التعبير عن آمال الشعب الصحراوي ،إلا بخطاب سياسي،علمي،مركز،ومتناسق،يعكس الإرادة السياسية للشعب الصحراوي في التحرر ،وعدالة قضيته،ويشكل أساس الوعي الحقيقي والعلمي بالواقع الإجتماعي،وبكل شروطه المؤثرة سواء منها الذاتية أو الموضوعية،وكل هذا يعتمد,بشكل عام, على نسبة التطابق بين الشروط التاريخية والوعي الذاتي بها لدى منتجي الخطاب السياسي العلمي،وكل المثقفين والمبدعين بصفة عامة, وقدرتهم على التعبير عنه وصياغته في قوالب أو جمل مقبولة للمتلقي،أو على الأقل مفهومة، ومقنعة بعلميتها وهذا أمر روتيني وموجود على الأقل منذ

تأسيس الجبهة الشعبية لتحرير الساڤية الحمراء وواد الذهب،وما يستجد هنا هو المعطيات التاريخية المتغيرة باستمرار والتي عرفت في السنوات الأخيرة تغيرا مذهلا لم يتوقعه أغلب المحللين, وهذا هو ما فرض علينا إضافة هذا التصور الذي سيكون مخصصا للتطبيقات السياسية وأغلب تجليات السياسي والإيديولوجي خصوصا في الممارسات الأكثر راديكالية: كموقف ترامب فيما يخص السيادة على الصحراء الغربية عندما خسر نهائي الرهان على الرئاسة.

ان تحالف الرجعية العربية ـ الأوليغارشية ـ والإمبريالية العالمية ، ضد حركات التحرر أي ضد مصلحة الشعوب وصل اقصى ما يمكن ان يصل اليه،وهنا لا نتساءل عن موقف الرجعية العربية من قضايا التحرر، من القضية الفلسطينية، أو الصحراوية مثلا لانه معروف تاريخيا،ولكنها كانت دائما تخفي هذا الموقف بغطاء الإنتماء القومي او الديني الذي استعملته تاريخيا لإخفاء نشاطها الصهيوني،هذا الغطاء الإيديولوجي السلبي الزائف يعتمد أساسا وظائف نقيضة لكل ما يمكن أن يكون مضمونه تحرريا ولذلك

يغيب عند الممارسة السياسية الفعلية، لهذه الحكومات الرجعية ,هذا الغطاء الزائف كما في مسألة التطبيع الذي تم اعلانه في أواخر 2020 ونحن نعتقد انه اي التطبيع قائم وموجود منذ ستينيات القرن الماضي وليس فقط تطبيع علاقات ,بل كان مسلسل من التعاون بين الصهيونية العالمية والصهيونية العربية على كل المستويات لبسط الهيمنة ليس فقط على الشعب الفلسطيني،ولا على الشعوب المقاومة فقط بل على الشعوب التي لم تقاوم أصلا من اجل ان لا تفعل, ولذلك لم تقم هذه الصهيونية العربية قبل إعلان التطبيع بمشورة الشعوب لا على المستوى البرلماني ولا استفتاء الشعوب بشكل مباشر, رغم عدم ديمقراطية هذا التصرف , حتى بالمعنى الشمولي لمفهوم الديمقراطية ،بل فرض على الشعوب ومن هنا تبدأ قوى الإمبريالية في تحطيم مايسمى بمفهوم الديمقراطية بحيث تصفق لهذه الديكتاتوريات,عملية التطبيع هذه, اللا ديمقراطية:وتجزء مفهوم الديمقراطية كمفهوم وجودي ,كأيديولوجية برجوازية رأسمالية ,وكمفهوم حقوقي شمولي،ذلك أن بريطانيا خرجت من الاتحاد

الأوروبي بسبب نتائج استفتاء الشعب البريطاني مثلا, فكيف بشعوب لم يؤخذ رأيها في مسألة التطبيع المصيرية بالنسبة للشعوب العربية خاصة, والشعوب الحرة عامة, هذه الأوليغارشية والإمبريالية العالمية التي لا نسب لها ولا دين فقط يحكمها انتماءها إلى الصهيونية العالمية المسيطرة على وسائل الإنتاج العالمية إنطلاقا من سيطرتها على مصادر الطاقة والمعادن الإستراتيجية وهي بهذه الحال من يحدد علاقات الإنتاج،رغم ان هذا المفهوم تغير كثيرا مع معاهدات الإستعمار الجديد وتطورها تاريخيا وتحولها , بالنسبة لأفريقيا مثلا على المستوى الشكلي من فرنكو افريقية إلى اورو أفريقية، ولا تكمن خطورتها فقط في عملية نهب ثروات الشعوب الفقيرة والمحكومة بتحالفات طبقية كولونيالية وإنما تكمن خطورتها في شرعنة هذا النهب وجعله جزء من الالتزامات الدولية تماما كما حدث مع أجندة التنمية المستدامة و انتهاكها لسيادة الشعوب التي لم تقرر مصيرها بعد رغم أن هذه الأجندات مؤطرة بالقانون الدولي لحقوق الإنسان,وكل هذا أثر سلبا على حق الشعوب في تقرير

مصيره وفي الإستقلال وتقليص مجال المقاومة لديها، وهذا ما يحدث في بوركينا فاسو ومالي والنيجر والسنغال والمغرب وكل الدول الإفريقية التي تحكمها معاهدات الإستعمار الجديد كما لوكانت التزامات دولية شرعية والشعوب طبعا واعية بهذا، سواء عن طريق الوعي العلمي، المنقول إلى إدراكها الذاتي عن طريق المعرفة العلمية ،أو واعية فقط عن طريق حدسها وتأملها في العلاقات المشبوهة, وهو وعي تحس من خلاله أنها مظلومة رغم كونه وعي مشوه، وقد حددنا في قاعدة عامة سابقا أن الوعي لا يكون إلا نخبويا أو مشوها.

الإشكالية أن كل هذه الأدوات السياسية والقانونية والاقتصادية والعسكرية،التي أنتجها تحالف الإمبريالية والصهيونية لم تقابلها الشعوب بما يكفي من الأدوات المادية والعلمية المقاومة ،والقضية الصحراوية من هذا المنطلق هي الجبهة الأمامية لصراع الشعوب الإفريقية ضد الهيمنة مما يجعل الإتحاد الإفريقي وكل المنظمات والشعوب المناهضة للعلاقات الفرنكوافريقية بل المناهضة للهيمنة

الإمبريالية المتجددة في الإستعمار تهمها كل قضايا التحرر ,كقضية وطنية لها.

الواضح ان هذه الإيديولوجية العلمية ،يغيبها خطابنا السياسي ويعمل في نفس الوقت على تحقيق وظائفها، وهذا التغييب هو مؤشر على هيمنة الخطاب السياسي النقيض والإيديولوجية السالبة.

, بدون خطاب،سياسي،قانوني،ثقافي،علمي،مرحلي ومميز لا يمكن أن ننتظر تحقيق الوظائف الأيديولوجية (بالمعنى الإيجابي للكلمة) المرجوة منه لأن البنية الأيديولوجية هي المحددة للبنية السياسة وتتحدد بها،بمعنى أن قوة البنية السياسية وتطورها يعتمد على ما تحققه من الوظائف الإيديولوجية التي , :

تنقسم ،إلى قسمين أساسيين،

الخطاب الموجه للخارج وهو أساس كل المرافعات السياسية والقانونية، وأساسه الحقيقي هو المعطى القانوني، الذي يستند أساسا على شرعية, وعدالة القضية الوطنية , ووضوحها على مستوى القانون الدولي باعتبارها قضية تصفية استعمار لا لبس فيها،وكلما

كان الخطاب علميا واضحا فإنه يسجل انتصارا على الخطاب التحريفي الذي ما فتئ يصدر عن العناصر العرضية أو الخطاب السياسي لأجندة الاحتلال.

وظيفة الخطاب الداخلي الموجه للشعب الصحراوي، وأساسه نقل الوعي الحقيقي بالواقع الإجتماعي للإدراك الذاتي الجماعي،للشعب ،وتنشره هيئات التنظيم السياسي التي تغطي كل مجال تواجدات الجسم الصحراوي،تقوم بمهمة التوعية المستمرة وتحديث الوعي الثوري:وهو على وجه التحديد ربط نتائج التحليل العلمي لواقع الثورة بالفعل الثوري،وهنا تحقيق غاية الخطاب السياسي كوعي مرحلي ذاتي بشروط تاريخية محددة من حيث المكان والزمان،يحقق عمليا العلاقة بين معطيات تحليل الدراسات الإستراتيجية الوطنية الواقعية،وبين تأثيرها في الواقع وهي لا شك علاقة جدلية ,ويمكن القواعد الشعبية من إنتاج صيغ فعلها الثوري المسؤول :أي وفق التصور التنظيمي المعبر عنه من خلال هذا الخطاب

اي يصبح الخطاب السياسي الداخلي،مشروعا،وبرنامجا للتنظيم

الثوري،ومن هنا تنبع اهمية التحليل العلمي فيه،ليس كمبدأ مجرد وإنما كمنهاج فكري نسترشد به في أحلك الظروف ،ونحدث به القطيعة النهائية مع التخمين والتأمل السابق على مبادئ الثورة والعودة لسابق عهد الثورة .

ولئن كان هذا التقسيم السابق صحيحا نسبيا ،كونه تعريفا للخطاب السياسي الصحراوي بشكل عام،إلا أن نسبة عالية من مضمون هذا الخطاب تتغير مع دخول المرحلة الجديدة،من أجل تقديرها اولا بشكل علمي،ومن أجل المرافعة بعناصرها الجديدة،طبعا لا نقصد هنا تقدير الواقع بشكل علمي ,مطلق لأن هذا يتعارض مع نسبية علم الإجتماع،وإنما نقصد, ان يعكس خطابنا بوضوح الفعل الثوري الذي تطور بنشاط وفق شروط تاريخية حددناها في مقال :المضمون الإيديولوجي لمفهوم حقوق الإنسان وتعارض وظيفته الإيديولوجية مع فكرنا التحرري, وقلنا بأن هذه الشروط تهيئات من جديد لكي تعطي انطلاقة جديدة لأهم صيغ الفعل الثوري - الكفاح المسلح - كممر مصيري ومفروض، ذلك أن الإحتلال الذي يعول

على كل الوسائل المتحالفة مع الأوليغارشيات العالمية والإمبريالية لإجهاض الإنتصار الديمقراطي للثورة , لم يترك للشعب الصحراوي خيارا اخر غير الحرب، وكونه في هذه المواجهة أي الإحتلال اقوى ماديا وأكثر تسليحا وعددا، فإن مواجهته, ممكنة وفعالة فقط بتوظيف كل موارد الجماهير الشعبية الواعية بمسؤولياتها النضالية ومن خلال استنفار كل قوى المجتمع ،وفي جميع تواجداته.

بعض هذه الأوليغارشية والصهيونية العربية الجديدة تحديدا, التي تحكم شعوبها بديكتاتورية المال والنسب و توارث الحكم في تعارض صارخ مع مضمون الديمقراطية،ومفهوم الحقوق ومع مضمون سيرورة تطور التاريخ في الانعتاق والحرية، بعض هذه الأوليغارشية المتسلطة والتي تعتبر في دولها حكومات غير شرعية ولا ديمقراطية،ولا شعبية،تنتهك القانون الدولي بفتح مؤسسات لها أو توقع اتفاقيات الزامية، في مناطق محتلة،لم يتمتع شعبها بممارسة حقه في اختيار شكل الحكم الذي يحب العيش في ظله،في ممارسة سياسية غير شرعية من جهة،وكذلك جريمة تمويل الحرب وتسهيل

الأسلحة لإبادة شعب تعترف له الأمم المتحدة بحقه في تقرير المصير، والإختيار الحر وهذا يستدعي حقيقة متابعة هذه الأوليغارشية , في المحاكم الدولية.

ما نقصده من عكس واقع الحرب،مثلا،أو واقع المقاومة الباسلة ،التي يقوم بها جماهير شعبنا في المناطق المحتلة،والحصار المفروض عليها،عكس هذه التضحيات والممارسات الإجرامية للاحتلال في الخطاب السياسي الصحراوي،ينبع أساسا من تصورنا،أن البحث في واقع الثورة ونقله الى الوعي الجماعي الصحراوي في عملية تثقيف الجماهير ،واستعماله كأدوات للمرافعة،لا ينطلق من الخطاب المثالي الميتافيزيقي ولا من الإيديولوجيا بالمعنى السلبي للمفهوم،ولا ينطلق أيضا من المفاهيم العامة لحقوق الإنسان،تلك المفاهيم ذات المنشأ الإمبريالي والوظائف الإيديولوجية التي لا تحيد عن المنشأ،وإنما ينطلق من مفاهيم :تحررية, حقوقية،تقدمية،علمية، وخصوصا بديلة لمفاهيم الهيمنة, ومن الوقائع على الأرض،أي من احدى فقرات السيرورة التاريخية المحددة زمنيا

بالمرحلة الراهنة،ولذلك يجب أن يعكس تحليلها بشكل جلي ودقيق انعكاسات شروطها التاريخية، وهذا في الحقيقة هو ما يميز خطابنا لأننا في الحقيقة نحلل ونوظف كل معطيات الواقع حتى تلك التي ينكرها الإحتلال.

ولو طرحنا السؤال التالي:لماذا ينكر الإحتلال المغربي اندلاع الحرب في نسختها الجديدة؟ ولو حاولنا الإجابة عن هذا السؤال انطلاقا من الإيديولوجيا العلمية اي بالمعنى الإيجابي للكلمة،أو ما نسميه الفكر العلمي،لقلنا أن الإحتلال يخوض ضد الشعب الصحراوي حربا ظالمة, هو نفسه أي الإحتلال المغربي السبب في اندلاعها, وهما سببان كافيان لنكرانها.

إن العودة للحرب: برهان كاف على أن الشعب الصحراوي مصمم كما كان قبل ثلاثين سنة على انتزاع الاستقلال الوطني،وهي في نفس الوقت محاكمة للأمم المتحدة المسؤولة عن تصفية الإستعمار من الصحراء الغربية . وقد أضاعت فرصة ثلاثين سنة من وقف إطلاق النار بسبب رضوخها للعراقيل المغربية , وحينما نتفحص

الأمم المتحدة،نجدها منذ أكثر من عشرين سنة لا تتحرك إلا وفق اجندات الدول المسيطرة،مما سبب ضعف استقلاليتها،وكل المؤشرات الدالة على تكون نظام عالمي جديد،يعني بالضرورة تغييرا جذريا في هيئة الأمم المتحدة،أو قطيعة ابستمولوجية مع أسس الإنحراف التي عرفتها،أوموت الأمم المتحدة ,لأنها تصبح عاجزة عن وظيفتها التي انشئت لأجلها،و يتجاوزها التاريخ كما تجاوز عصبة الأمم،او تصبح أمرا لا لزوم له

وحينما نبحث مثلا ، سكوت هيئات الأمم المتحدة وبعض المنظمات الدولية عن الانتهاكات والجرائم التي يقترفها نظام الاحتلال ضد المدنيين الصحراويين في المناطق المحتلة، فإننا نخلص الى سببين رئيسيين:

الأول: هو أن بعض هذه الهيئات ،والوسائل المتحالفة مع الإمبريالية الأوليغارشية العالمية، وبالطبع هي أدوات لتكريس واقع الإحتلال والإستعمار.

والثاني: هو كون الوظائف الإيديولوجية لمفهوم حقوق الإنسان ,

كمفهوم ليبرالي وجودي تتعارض مع الفكر التحرري وتكرس كذلك واقع الإحتلال والإستعمار. انظر: المضمون الإيديولوجي لمفهوم حقوق الإنسان وتعارض وظائفه الإيديولوجية مع فكرنا التحرري.

إذن من خلال هذا التصور العلمي:فإن مقاومة الشعب الصحراوي ،وكفاحه من أجل الاستقلال،يشكل في حد ذاته مهمة حضارية إنسانية إقليمية وعالمية ،تفسر ولو جزئيا ما يجب تصحيحه من المفاهيم الكونية الخاصة ،بالعدالة والحرية وتدين من يمارسون الهيمنة والاستبداد بذريعة حقوق الإنسان وهذا بعد من أبعاد ثورتنا المجيدة.

الشعب الصحراوي، وشعوب أخرى مثله اقدم واعرق من منظمة الأمم المتحدة ،وتطور الشعب الصحراوي بالخصوص عرف نكبات وحروب العهد الإمبريالي وويلاته، ورغم ذلك بقي متماسكا وصلبا،خلال تلك العهود لأن روابطه الإجتماعية والثقافية والتاريخية ووحدة قيمه المثالية،ومرجعياته، ووحدته الوطنية, اكبر من اي قوة تفتيت خارجية،أما اليوم فهو منظم في في إطار الجبهة الشعبية

لتحرير الساقية الحمراء وواد الذهب ،والجمهورية العربية الصحراوية الديمقراطية، وهي عامل من عوامل الإستقرار، والأمن والسلم الدوليين ،وهي أسس دولية لا يمكن التفريط فيها في منطقة مثل الساحل الغربي لشمال افريقيا.

في ختام هذا المبحث نقول،أن الوعي الحقيقي للواقع الإجتماعي هو الضامن الأساسي لسير المشروع الوطني في الإتجاه الصحيح ،كما حددنا المصادر المعرفية لهذا الوعي،وربطنا النجاحات الهائلة للجيل الأول لهذ المشروع، بقدرته الهائلة على إنتاج خطاب سياسي واع وواضح ، لا يقبل التأويل.واعتقد ان كل من قرأ هذه الفصول ينتظر منا أن نعالج تحديدا مسألة الوعي،وتحديد موقفنا من النضال الحقوقي،من النضال النقابي، وبل أن نعالج كذلك مسألة الحسم.

و لمباشرة هذا العمل ،لا بد من الإشارة ،إلى أن منهجنا في البحث العلمي ،يعتمد على تحديد خطابنا السياسي ،وعلى التداول المكرر لهذه المفاهيم ، قصد تنظيمها في بناء فكري ،وطني ،شامل،(أي ليس فقط إعلان عن تموقعنا الإيديولوجي ،بل كذلك ممارسة

النضال المعرفي) وقد يكون هذا البناء الفكري مترابطا متماسكا وقد لا يكون ،وليس بسبب التناقض في نسقه الداخلي بقدر ما هو بحسب الضرورة السياسية،ومتطلبات الرد على الهجمات السياسية التي يتعرض لها مشروعنا الوطني.

وهو يرتكز على الأساس الإيديولوجي والمادي للواقع الإجتماعي ومن شأنه أن يساعدنا في تسليط الضوء ليس فقط على نوع الوعي بل على مدى انتشاره.

لان النظرة العلمية العميقة الى الواقع الإجتماعي أو الوعي العميق الذي لخصنا مضاهره كلها في تطابقه كفكر ذاتي مع الضرورة التاريخية ،لا يمكن أن يكون إلا نخبويا ،ويبقى دور النخبة وممارستها للوعي العميق أي ممارسة المهام النضالية هو ما يمكن من توجيه المجتمع، والعمل الجماهيري لإنتزاع الحق والعدل،ولا بد أن نركز هنا ،على ممارسة النضال بدل ممارسة السياسة.

حينما نقول النخبة الواعية فإنا بالضرورة نقصد, ضمن ما نقصد, منظرين التنظيم السياسي للحركة, والحركة تتقوى بالقدر الذي تكثف

الفعل الثوري والصيغ النضالية وتضعف بالقدر الذي تتخلى به عن الفعل الثوري والصيغ النضالية الثورية لصالح العمل السياسي، تماما كما يحدث للرمل والزمن في ساعة الرمل،فتزايد عداد الزمن ينقص الرمل المتسرب تدريجيا من القارورة إلى أن ينتهي نهائيا.وأنه حينما نتمادى في إنتاج الوظائف السياسية،وتقديم السياسيين على المناضلين،فإن الحركة في فترة تاريخية تجتذب طبقة عرضية ،بعيدة عن حمل هموم الفعل الثوري،

واعتقد انه لو عاش الشهيد الولي إلى اليوم لقال:أن نفاد المخزون النضالي ،والصيغ النضالية التي تقوم بها القاعدة الشعبية بقيادة الأطر بالتضحيات بالدموع والعرق والآلام والدم،يؤدي حتما إلى العدمية السياسية.

وهذا يؤدي غالبا إلى الإنشقاق السياسي وضهور طبقة تسير أو تهرول في الإتجاه المعاكس للمشروع،وبما أن هذه الطبقة لا تستطيع إعلان اهدافها الحقيقية فهي تعمد إلى إخفائها بخطاب ووعي زائفين يؤديان إلى انقسامات ولو جزئية حتى على مستوى

القاعدة ,إذا أخذنا بعين الإعتبار ما قلناه سالفا ان الوعي نخبوي ولا يمكن أن يصل إلى عامة الناس إلا مشوها،وان القاعدة تخضع نسبيا للنخبة في توجيهها قدما وتثق بها.

هذه الصراعات والانقسامات،هي في مجملها مؤشر على وجود العناصر النفعية ذات الفكر الإقتصادي والانتهازي داخل الحركة والتي يجب دائما التصدي لها بالنضال والردع والتخلص منها وحسم أمرها عوضا عن المهادنة،تماما كما يتخلص الجسم من الخلايا السقيمة والمييتة ،وذلك يعيد للحركة نشاطها وقوتها التي لا تستعيدها إلا بممارسة الفعل الثوري والعمل النضالي.

كما قلنا سابقا ،وكما أخذنا على عاتقنا،ورغم الخصومات و الجدالات السياسية التي تستوجب منا ردا حاسما عليها،إلا أن فكرنا يجب أن يخضع دائما للموضوعية ،متغلبا على العوائق الإبستمولوجية،ومتخلصا من العواطف التي تفسد الفكر ،وكما يقول الفيلسوف هيدكر: مع العواطف النبيلة ينشأ الأدب الرديئ وكذلك الشأن بالنسبة للفلسفة.

ولا اتكلم هنا على المستوى الخاص ،بل على كل الباحثين الصحراويين والمنتجين في الحقل المعرفي ،خصوصا المختصين في إنتاج الآراء والقرارات السياسية ،بل كل هؤلاء عليهم الاحتياط أثناء استنباط الأحكام من الواقع الإجتماعي ،نظرا لقيمة هذه الأحكام وارتباطها الجدلي بالفترة التاريخية،ولأنها تشكل القاعدة الأساسية للعمل السياسي الذي ، عادة ما يقصد من خلاله إحداث تغييرات مهمة في الواقع الاجتماعي والتاريخي بمفهوم أوسع، تجسيد لسمة الثورية في المشروع الوطني الثوري،وهذه البناء ينتج عنه أن نعتبر أن الجبهة الشعبية لتحرير الساڤية الحمراء وواد الذهب ،والتنظيم السياسي خصوصا مطالب ومسؤول عن إنتاج إيديولوجية موجبة تطابق المرحلة التاريخية وتستجيب لخصائصها.

والرفاق في التنظيم السياسي يفهمون أكثر من غيرهم أن كل مرحلة تاريخية تساهم في تكوين الشروط الأساسية المحددة للمرحلة التي تأتي بعدها ،وعليه فكل عملية كبيرة وناجحة تعطي وقودا ودفعا للمشروع الوطني ،ويشكل به قوته لزمن معين ،وان التخلي عن

الفعل الثوري العميق المتمثل في العمليات الكبيرة والناجحة ينتج عنه كذلك ضعف الحركة ،ولكي توجه الجماهير وقيادتها للقيام بهذه المهام النضالية العميقة لا بد من قيادتها بنخبة واعية وقادرة،وتمتلك الأدوات الفكرية لمعرفة الحركة الفعلية السيرورات ,الاقتصادية ,والإيديولوجية ,والسياسية.

وحتى لو سلمنا أن سمات الواقع الإجتماعي في الحاضر،والشروط الأساسية المحددة له كانت قد تشكلت في الماضي ،فإنه لا يمكننا أن نفهم معطيات الواقع الاجتماعي اليوم بمفاهيم المرحلة السابقة ،وذلك ناتج عن مجموع الأدوات الفكرية والمادية التي ينتجها التطور الحضاري بشكل مستمر وهذا الإنتاج الفكري والمادي الجديد لا تشمله المفاهيم الفكرية السابقة عليه, ولا تستطيع أن تعبر عنه ولذلك يمكننا فقط أن نفهم التاريخ بالمفاهيم الفكرية للحاضر و بأحداث الماضي وليس العكس.

وقد ركزنا على المفاهيم الفكرية للحاضر ،حتى لو تطلب الأمر إنتاجها، وحذرنا القارئ بأننا نتعامل مع المفاهيم بمعناها المفهومي

المتغيير تاريخيا ،وليس الإصلاحي الجامد :سجين صفحات القواميس اللغوية.

هذه الأدوات الفكرية ، وحدها، بإمكانها أن توضح الرهانات الحقيقية التي تجابه الخطاب السياسي المرحلي والتي نوجزها ،في الوحدة، والتعدد. وهما رهانين نتجا عن الفعل العميق لجريمة الاحتلال، الذي خلق واقع التقسيم الذي يعاني منه الشعب الصحراوي ولم يكن هذا الواقع سائدا إبان انطلاق الثورة بما هو عليه اليوم،هذا التقسيم الذي أنتج تواجدات شعبية صحراوية، كل منها، بواقع اجتماعي ،وبشروط حياتية وعلاقات إنتاج اقتصادية خاصة، في كل من ، المخيمات ،المناطق المحتلة والجاليات.

ويصبح مفروضا على الخطاب السياسي أن يتناول كل تواجد شعبي صحراوي بخصوصيته، إنطلاقا من واقعه الإجتماعي و مطابقا للضرورة التاريخية التي يعيشها أفراده وفي التعبير، عن إرادتهم الذاتية و آمالهم في التحرر ،ومن هنا ينمو رهان التعددية في الخطاب السياسي،الذي كان يوجه فقط الى المناطق والذي كان يبدأ

دائما في برنامج الإذاعة بعبارة ـ ياجماهيرنا في المناطق المحتلة ـ

ولا بد للخطاب السياسي أن يجد المصدر المعرفي و الأدوات التواصلية ليبرز فكرتين أساسيتين:

أولهما :أن الإرادة الذاتية للشعب الصحراوي في الكرامة، التحرر، وفي عودته إلى أرضه ،وتشبثه بكيانه المستقل الذي يضمن كل مصالحه بما في ذلك المصلحة الإقتصادية والتمتع بخيرات أرضه وثرواته الطبيعية هو الأمر الملح على تكثيف النضال حتى نيل الإستقلال تتوفر الثقافة الصحراوية والكونية على مصادر معرفية هائلة لإنتاج هذا الخطاب.

وثانيهما: أن لكل تواجد شعبي صحراوي مسؤولياته في إنجاح المشروع الوطني ،دورا نضاليا تحفزه معطيات واقعه الاجتماعي الخاص به ،فتصبح الآمال المعبر عنها في الخطاب السياسي :دستورا اخلاقيا يلتزم به كل أفراد الشعب الصحراوي.

التعبئة الشاملة للصحراويين المرابطين في المناطق المحتلة،والصامدين في مخيمات اللجوء وفي الجاليات: دواعي كافية

لإنتاج خطاب سياسي تخصصي ,لكل تواجد بشري بواقع اجتماعي خاص،وخطاب سياسي عام لتوحيد الإرادة الذاتية للشعب الصحراوي من اجل التحرر على أسس الوحدة في وحدة الأرض، والدين، واللغة، والتاريخ، والمصير المشترك، والأمال المستقبلية في نجاح المشروع الوطني.

وفي معالجة مسألة النضال الحقوقي والنقابي وتحديد موقف منه ,فلا بد أن نتكلم عنها في إطار شامل لأن النظام العالمي المسيطر; الإمبريالي الذي اعتمد حرية التنافس الاقتصادي وحرية الملكية الفردية على حساب الضعفاء،وجعل ثروة الأرض هدفا للتكديس والتخزين في أيدي أقلية مسيطرة،ودعم استعمار بعض القوى الكبيرة للشعوب الضعيفة تحت مسميات واهية :الحماية،والتعاون،في وقت كانت الشعوب أحوج فيه إلى من يحميها من الاستعمار نفسه...... الحماية ممن إذن؟؟؟

هذا النظام الذي وصفناه والذي تتزعمه أمريكا ،وهي ليست من مجموع سبع وأربعين دولة المكونة لمجلس حقوق الإنسان،هذا النظام

هو من فصل نظام حقوق الانسان على مقاسه ،ونظام حقوق الإنسان اليوم لا يعدو كونه اداة التوافق المجتمعي والدولي من أجل تكريس علاقات الإنتاج القائمة ونهب ثروات الشعوب المغلوبة على أمرها ،ولعل مشاريع الأجندات الإقتصادية ، وقفزها على حق الشعوب في تقرير مصيرها،وتعارضها الصارخ مع روح القانون الدولي فيما يتعلق بمبدأ السيادة لهو أكبر دليل على ما نقول.

إذن لو أسقطنا هذا الفهم ،على واقعنا الاجتماعي في المناطق المحتلة، لوجدنا ان المطالبين بالحقوق الاجتماعية والحريات الأساسية،والذين يطالبون النظام المغربي كسلطة احتلال مفروضة عليهم بالقوة أن يضمن هذه الحقوق. فإن السؤال الذي يطرح نفسه هنا: هو من ينتهك هذه الحقوق إذن؟؟؟ وهل

نريد ان يبقى هذا الاحتلال جاثما على صدورنا لكي يضمن لنا هذه الحقوق؟؟؟

مرة اخرى لن اجيب على السؤالين لأن شرح الواضحات من المفضحات......

إذا كان المغرب كقوة احتلال غير شرعية:كان قد أمره مجلس الأمن بسحب المكون العسكري والمدني لما يسمى المسيرة الخضراء من الصحراء الغربية في قراره التاريخي لسنة 1975 ،ولا أريد هنا ان اعكس البحث نحو التفسير القانون بقدر ما أرغب أن اسأل من ينتهك هذه الحقوق إذن؟ إذا كان هذا الجسم الغريب، الغير شرعي ،هو من ينتهك كل حقوق الصحراويين في المناطق المحتلة فالأقرب للصواب هو طرده وليس مطالبته بضمان الحقوق.

ما ينطبق على النضال الحقوقي ينطبق على الشق النقابي لأن هذا الجسم الغريب الذي سيطر بالقوة العسكرية على ثروة الشعب ومواردها الطبيعية ومنع أهلها من التمتع بها، يجب فقط طرده وتحرير الثروة منه, لأن مطلب حق العمل في هذا السياق يبدو مضحكا،وهذا ما أشرنا إليه سابقا ولكن بدون تحليل علمي،وقلنا بضرورة توجيه النضال الحقوقي والنقابي لكي يكون نضالا سياسيا صرفا

وهذا هو الخطاب الذي يتطابق مع الضرورة التاريخية ،وكلما كان

هذا التطابق كبير ومتكاملا فإنه يعمق الفجوة في توجهنا نحو الإستقلال وتوجه الإحتلال بتكريس الواقع وهو الخطاب الذي يمكن أن ينتج مفاهيم مرحلة الحسم التي من سماتها قطع كل صلاة الارتباط مع الاحتلال وتبقى العلاقة الوحيدة معه هي النضال.

تبدو هذه الأفكار واضحة حينما نفهم الإرتباط الجوهري بين الخطاب السياسي(الإيديولوجي الموجب)وبين الممارسة الثورية وتطابق فكرها مع الضرورة التاريخية التي تنتجها،ومن الضروري أن يكون لهذا الفكر معرفة علمية دقيقة بقوانين التطور في الواقع الاجتماعي المتغير بشكل مستمر،لأنه في غياب هذه المعرفة نفقد بوصلة الوعي، الذي يعبر بشكل حقيقي أي بمصداقية علمية عن الواقع الإجتماعي،وهو ما نسميه تطابق الفكر مع الضرورة التاريخية وإبراز شروطها الملحة على التغيير - الدوافع الحقيقية للثورة - الوعي الذي قلنا سابقا بأنه يسير به في الإتجاه الصحيح،وفقدان العلمية يسقطنا في منطق الضحية المتأرجح بين خطاب ذاتي لا واعي يقود فقط في اتجاه المغامرة، وبين خطاب الانتهازية والنفعية ،وبهذا

التحليل نكون قد برهنا كذلك على مقولتنا السابقة ،في دور الوعي الحقيقي الذي يطابق الضرورة التاريخية،في قطع الطريق أمام الانتهازيين،وفي تقليل احتمالات المغامرة اللا محسوبة، وفي قيادة المشروع الوطني الثوري نحو الحسم.

ولكي نتكلم عن مرحلة الحسم لا بد أن نقول للقارئ أن هامش الخطأ في هذه المسألة يمكن أن يكون

حتى اكبر من هامش الصواب،لأننا نتكلم عن تجربة تاريخية خاصة لم تحدث قط،ورغم هذا التحذير إلا أننا سنبقى أوفياء للمنهج العلمي الموضوعي الذي حددنا مبادئه و بناءه الفكري وسنرى إلى أين سيتوقف بنا هذا التحليل الأكسيوماتيكي.

ولكي نتكلم عن مرحلة الحسم،وتحديد سماتها لا بد ان نعود قليلا إلى الوراء، و نستحضر ماقلنا سابقا ان انطلاق الثورة كحركة تغيير شاملة، نتج عن تطابق الضرورة التاريخية بشأنها ،مع الوعي الحقيقي الذي ميز الإرادة الذاتية للقيام بها.

يعني إلحاح الواقع الإجتماعي المادي ،تحت سيطرة الإستعمار

،بكل وسائل وأشكال الإجحاف التي يمارسها على الشعب الصحراوي،وإرادة التحرير التي بلورت المفاهيم الفكرية التحررية ،وشكلت خطابا سياسيا جديدا يتطابق مع المرحلة التاريخية ،ينتقد الممارسات الظالمة التي يسير بها المستعمر العملية الإجتماعية ويطرح المشروع الوطني الثوري كبديل لها،(وهذا ما وصفناه بتطابق فكر الشهيد للضرورة التاريخية) والنسبة الكبيرة لهذا التطابق جعلت الشعب الصحراوي يلتف حول التنظيم الذي يعبر بشكل حقيقي عن رغبته في التحرر ،إذن انطلاقا من هذه النظرة ،يتوقف خلق شروط مرحلة الحسم ،على رفع درجة تطابق فكرنا المعبر عنه بالخطاب السياسي مع الضرورة التاريخية إلى مستوى يقترب من الكمال

لكي ينصهر الفكر والواقع في إنتاج شروط مرحلة تاريخية طبيعية ،بانتمائها للسيرورة التاريخية ، ولكنها لا تقبل الإرتداد الرجعي،اي تبرز شروط مرحلة،إنتقالية عنيفة،تكون الثورة فيها متجانسة وقوية بالدرجة التي تتجاوز بها العراقيل التي يضعها الاحتلال أمام الحسم.

ومرحلة الحسم هذه يكون لها وصفان:

الأول:هو التطابق الكلي بين الإرادة الذاتية للتحرير على المستوى النظري الفكري والخطاب السياسي وبين الضرورة التاريخية الملحة على التغيير.

والثاني أن يكون لها ضحايا من أبناء المشروع الوطني الذين يضحون لأجله،ومن الأعداء لأن قوة المشروع الوطني الثوري في